Reinhard Staubach

Starnitz
Eine Reise nach Pommern und Ostpreußen

Reinhard Staubach

Starnitz

Eine Reise nach
Pommern und Ostpreußen

Umschlagbild:
Puppenbrücke über die Schottow
zwischen Starnitz und ehemaliger Bahnstation Starnitz

Reinhard Staubach
Starnitz
Eine Reise nach Pommern und Ostpreußen

1. Auflage 2002
2. Auflage 2015

© Copyright by Reinhard Staubach
Ebersbach-Musbach, 2015

Herstellung und Verlag:
BoD - Books on Demand, Norderstedt

Nachdruck und Vervielfältigung jeder Art, auch auf Bild-, Ton-, Daten- und andere Träger, insbesondere Fotokopien (auch zum privaten Gebrauch), sind nicht erlaubt und nur nach vorheriger schriftlicher Absprache mit dem Autor möglich.

www.reinhard-staubach.de

ISBN 978-3-7386-3261-3

Pommern und Ostpreußen

Dieses Buch berichtet von einer Reise an Geburtsorte und spätere Aufenthaltsorte in Pommern und Ostpreußen, die heute in Polen liegen. Für meine Mitreisenden ist es die alte Heimat. Ich weiß mit dem Begriff Heimat nicht so recht umzugehen, weil ich nur zum Teil dort aufwuchs. Meine Geburtsurkunde wurde in Dębnica-Kaszubska in polnischer Sprache ausgestellt. Obwohl wir im täglichen Sprachgebrauch den Ort Rathsdamnitz nannten und nennen, hatte ich nie das Gefühl, in Deutschland geboren zu sein. Jedes Mal, wenn ich dorthin reiste, stiegen besondere Gefühle auf. Es müssen Heimatgefühle sein. Starnitz (Starnice) und Rathsdamnitz (Dębnica-Kaszubska) sind die Orte, an denen ich bis zum zehnten Lebensjahr aufwuchs. 1958 kamen wir als Aussiedler in die Bundesrepublik Deutschland.

Dies war meine fünfte Reise in die alte Heimat und bis nach Braunsberg (Braniewo) in Ostpreußen, kurz vor der russischen Grenze. Dort wurde meine Mutter geboren. Auch meine mitreisenden Verwandten Ulla, Hilde und Bruno erblickten dort das Licht der Welt, und machten sich 1945 von Braunsberg auf die Flucht vor der Roten Armee. Weiterhin reisten mit: Edith und Helmut aus Starnitz, Erich, der in Rathsdamnitz aufwuchs, Uschi aus Stolp (Słupsk), Egon, der waschechte Berliner aus Pommern und meine Schwester Brigitte, die auch in Starnitz geboren wurde. Insgesamt waren wir elf Personen.

Da wir Orte in Pommern und in Ostpreußen aufsuchen wollten, hatte ich ein Ferienhaus in der Kaschubei gemietet. Es lag für uns zentral. Von dort unternahmen wir unsere Ausflüge und schwelgten in Erinnerungen.

Gegen achtzehn Uhr erreichten wir am 15. Juni 2002 mit drei PKWs Kiełpino südlich von Kartuzy (Karthaus). Nach ein wenig Sucherei standen wir vor unserem Ferienhaus. Es war das größte und schönste Haus in der Straße mit einem gepflegten Vorgarten. Vom Eigentümer keine Spur. Freundliche Nachbarn halfen, ihn aufzuspüren. Wir waren von der langen Fahrt ungeduldig und müde. Um acht Uhr begann unsere gemeinsame Reise bei Schillings in Libbenichen, nahe des Deutsch-Polnischen Grenzübergangs Kürstrin (Kostrzyn). Die Berliner waren drei Stunden früher aufgebrochen. Ich fuhr zwei Tage zuvor aus Oberschwaben los. Am Ende der Reise zeigte mein Autotacho über viertausend Kilometer mehr an. Schließlich betraten wir die großzügigen, schönen Räume des Ferienhauses. Der freundliche Pächter aus Kartuzy sprach gutes Englisch und war emsig bemüht, fehlende Bettdecken und Stühle herbei zu schaffen. Doch er schien an Grenzen zu stoßen. Wir machten das Beste daraus und erlebten eine wunderbare und harmonische Woche in Polen, in der alten Heimat.

Braunsberg (Braniewo)

Gleich am Tag nach der Ankunft machten wir uns morgens auf die Fahrt nach Braunsberg (Braniewo). Der eingeteilte Küchendienst hatte an diesem Morgen, wie auch an den folgenden Tagen, ausgezeichnet funktioniert. (Bruno holte jeden Morgen frische Brötchen aus dem nahen Laden.) Wir waren gut gestärkt und bester Laune.

Bild 1 - Die Reisegruppe auf der Brücke über die Passarge in Braunsberg

Unsere Reiseroute führte durch Danzig. Da ich den Großstadtverkehr in und um Danzig kannte, vergatterte ich Egon und Bruno, die die beiden anderen Autos fuhren, mir ja dicht zu folgen. Sonst seien wir verloren. Denn der Verkehr sei genau so dicht und hektisch wie in Berlin oder München. Die Fahrt durch Danzig erwies sich dann jedoch weniger aufregend. Ich hatte übersehen, dass wir an einem Sonntagmorgen unterwegs waren. Außerdem gab es eine neue Umgehungsstraße. Gemütlich ließen wir Danzig mit den mehrspurigen Schnellstraßen hinter uns.

Bei mir kam noch einmal sehr lebhaft die Bekanntschaft mit der Danziger Polizei vor vier Jahren hoch. Damals war ich mit meiner Mutter, Hilde und Ulla durch Danzig gefahren. Der Verkehr war dicht und ich ver-

Bild 2 - Ulla, Hilde und meine Mutter vor ihrer ehemaligen Schule in Braunsberg, die bis 1945 Adolf-Hitler-Schule genannt wurde.

suchte alle Hinweisschilder gleichzeitig zu lesen, um ja nicht die Ausfahrt zu verpassen. Auf einer riesigen Kreuzung war es dann geschehen. Zu spät sah ich, dass die zweite Ampel gerade auf rot umgeschaltet hatte. Es geschah nicht aus böser Absicht und es war nichts gefährliches passiert. Doch augenblicklich später heulte eine polnische Polizeisirene auf und ich sah im Rückspiegel

Bild 3 - Hilde, meine Mutter und Ulla auf den Stufen zur ehemaligen Adolf-Hitler-Schule in Braunsberg

den Streifenwagen aus der Querstraße schießen, uns folgend. Ein junger Polizist bat um meine Papiere. Er sprach deutsch, ich mochte es kaum glauben. Er sprach gutes Deutsch. Ich stieg aus und überlegte, wie es weiter gehen könnte, wenn er meinen Führerschein einzöge. Meine Mitreisenden hatten keinen Führerschein. Später erzählten sie mir, dass sie im Auto kalkuliert hätten, ob sie ge-

Bild 4 - Pfarrkirche zu Ehren der hl. Katharina von Alexandrien in Braunsberg

nügend Geld für die Strafe zusammen bekämen. Der junge Polizist belehrte mich sehr eindringlich auf deutsch, dass ich einen schweren Fehler gemacht hätte. Sein Kollege sagte etwas auf polnisch zu ihm. Er belehrte mich noch einmal. Dann gab er mir die Papiere zurück und wünschte uns eine gute Fahrt. Noch ehe ich es recht kapiert hatte, waren die beiden Polizisten mit ihrem Streifenwagen verschwunden. Nie und nimmer hatte ich damit gerechnet, nur eine mündliche Ermahnung zu erhalten.

Bild 5 - Die wieder aufgebaute Pfarrkirche zu Ehren der hl. Katharina von Alexandrien in Braunsberg

Die Fahrt nach Braunsberg verlief problemlos. Nachdem wir an Elbing (Elbląg) vorbei waren, bogen wir auf die Autobahn Richtung Königsberg ab. Doch der Begriff Autobahn ist übertrieben. Das sollte es ja erst werden, damals, im Dritten Reich. Die Trasse für vier Fahrspuren ist noch deutlich sichtbar. Aber es sind nur zwei Fahrspuren ausgebaut, auf denen der Verkehr in beide Richtungen verläuft. Etwa neunzig Prozent der rechteckigen Betonplatten aus der Vorkriegszeit sind noch gut erhalten. Nur an wenigen Stellen musste ausgebessert werden.

Gegen Mittag erreichten wir Braunsberg und stellten die Autos auf dem großen Parkplatz neben der Pfarrkirche zu Ehren der hl. Katharina von Alexandrien (Bild 5 und 4) ab. Es war noch Gottesdienst, deshalb verschoben wir die Besichtigung und schauten uns die Stadt an.

Bruno verließ Braunsberg als Siebenjähriger und kam jetzt zum ersten Mal wieder in seine Geburtsstadt. Zunächst erkannte er nichts wieder. Erst später kamen einzelne Bilder hoch. Auch bei meiner Mutter, Hilde und Ulla, die alle in Braunsberg aufgewachsen sind, konnte ich dieses Phänomen beobachten. Braunsberg blieb bis Anfang 1945 vom Zweiten Weltkrieg verschont. Dann wurde dort aber um so heftiger gekämpft und die Stadt weitgehend zerstört. Wo einst Häuser standen, klaffen nun leere Flächen, oder es wurden neue Gebäude errichtet. Dadurch hat sich das Stadtbild wesentlich verändert. Als ich 1989 zum ersten Mal mit meiner Mutter in Braunsberg war, stiegen bei ihr als erstes die Erinnerungen an die Pfarrkirche (Bild 5) auf. Sie bedauerte, dass all die schönen Bilder innen verschwunden waren. Erst anschließend sahen wir die Dokumentation, aus der hervorging, dass auch die 600-jährige Pfarrkirche im Krieg völlig zerstört wurde. Eine Ecke des Turms ragte nach Kriegsende wie ein mahnender Finger gen Himmel. Lange Jahre wollte man die majestätische Ruine als Mahnmal für die Tragödie des Krieges stehen lassen. 1979 begann der Wiederaufbau, und seit 1982 finden wieder Gottesdienste statt.

Bruno erzählte mir später, dass es ihm sehr nahe gegangen sei, als die Kirchenglocken läuteten. Und am Braunsberger Bahnhof hätte er eine Gänsehaut bekommen. Denn dorthin hatte er seinen Vater begleitet und zum letzten Mal gesehen. Mit vielen anderen Landsern sei sein Vater eingestiegen und hätte mit der Feldflasche aus dem abfahrenden Zug gewunken. Wenige Monate später sei die Nachricht eingetroffen, dass sein Vater vermisst wurde. Niemand hat je wieder von ihm gehört.

Beim Stadtrundgang suchten wir die ehemalige Adolf-Hitler-Schule (Bild 2) auf. Sie scheint vom Krieg nichts abbekommen zu haben. Ulla, Hilde und meine Mutter gingen dort zur Schule (Bild 2 und Bild 3). Die Hindenburg-Schule, die Bruno besuchte, fanden wir nicht. Das Grundstück ist teils frei, teils von einem neuen Gebäude bedeckt.

Bild 6 - Der Pflaumengrund in Braunsberg

Am Pflaumengrund (Bild 6) musste meine Mutter noch einmal die Fenster zeigen, an denen die jungen Burschen des Gymnasiums (Bild 7) standen und zu ihr hinüber pfiffen, wenn sie sich am Fenster oder im Garten des gegenüberliegenden Hauses sehen ließ. Und es machte ihr offensichtlich Spaß, sich zu zeigen. Sie war ja auch ein hübsches Mädchen. Das Haus steht nicht mehr, in dem sie damals bei einem Studienrat als Hausmädchen diente.

Bild 7 - Das Gymnasium am Pflaumengrund in Braunsberg

Nachdem wir einen Blick auf den Bahnhof (Bild 8) geworfen hatten, ging es in die Bruno-Schafrinski-Str. Die Straße heißt jetzt: Ul. Władysława Jagiełły. Dort hatten die Marquardts und die Rauters mit elf Familienmitglie-

Bild 8 - Der Bahnhof in Braunsberg

dern in Nr. 24 bis 1945 die linke Doppelhaushälfte bewohnt (Bild 9). Erst im letzten Moment, als Kanonendonner zu hören war und die Granaten in der Straße einschlugen, machte man sich von dort aus auf die Flucht über das zugefrorene Frische Haff.

Der jetzige Hausbewohner kennt uns von früheren Besuchen. Er kam freundlich ans Gartentor und lud uns zum

Bild 9 - Das ehemalige Haus der Marquardts in Braunsberg

Kaffee ein. Gerne und unbekümmert zeigte er die Räume, in denen Bruno, Hilde, Ulla und Agatha (Bild 10) einst zu Hause waren. Besonders stolz war der Pole auf den Ausbau des Obergeschosses nach hinten. Bruno, der polnisch spricht, konnte sich gut mit ihm unterhalten.

Wir waren mit elf Personen gekommen und elf Personen sollen in dieser kleinen Haushälfte gelebt haben? Mir wurde bewusst, dass man früher wohl etwas bescheidener lebte. Meine Mutter erzählt auch, dass die Kinder oben, wo Margarethe Rauter (meine Tante Grete) mit ihrer Familie wohnte, keinen Sitzplatz am Tisch hatten. Die Kinder aßen im Stehen, aus Platzmangel für Stühle. Joseph und Theresia Marquardt, meine Großeltern, hatten das Haus gebaut. Beide, wie fast alle Familienmitglieder, überstanden die Flucht bis Starnitz. Dort starb mein Großvater noch vor meiner Geburt an Magen- und Darmkrebs. Drei Wochen war die neunköpfige Gruppe zu Fuß von

Bild 10 - Bruno, Ulla, Hilde und meine Mutter mit dem jetzigen polnischen Hauseigentümer (rechts) vor jenem Haus in Braunsberg, aus dem sie 1945 flüchteten

Braunsberg bis Stolp in Pommern unterwegs gewesen. Dort wurde sie von der russischen Armee überrollt und in Starnitz einquartiert:
- Joseph und Theseria Marquardt
- Margarete Rauter mit ihren vier Kindern Ursula, Hilde, Alfred und Bruno
- Agatha Marquardt (meine Mutter) und
- Anton Rauter aus Kl. Rautenberg

Bild 11 - Bruno erinnerte sich am Bahnhof der Haffufer-Bahn: „Ja, da drüben war das mit dem Säbel..."

Nach einem freundschaftlichen Abschied vom polnischen Bewohner (Bild 10) verließen wir das Haus, den ehemaligen Besitz der Marquardts in Braunsberg, und fuhren zum kleinen Bahnhof der Haffufer-Bahn ganz in der Nähe. Von diesem Bahnhof trat die Familie so manchen Ausflug an. Wahrscheinlich waren es nur zwei oder drei Fahrten. Denn die einfachen Leute reisten damals nicht so oft. Doch als ich die Braunsberger so reden hörte, gewann ich den Eindruck, sie wären jedes Wochenende unterwegs gewesen.

Bruno erinnerte sich am Bahnhof (Bild 11) an die Geschichte mit dem Säbel. „Ja, da drüben war das..." Als kleiner Junge hatte er mit seinem Bruder Alfred in einem trockenen Brunnenschacht einen Säbel entdeckt. Den konnte man natürlich nicht liegen lassen. Braunsberg war eine Garnisonsstadt mit zwei großen Kasernen. Mein

Großvater, Joseph Marquardt, arbeitete in der Kleiderkammer der Artilleriekaserne.

Der Schacht mit dem Säbel war offenbar nicht sehr tief. Bruno ließ den ein Jahr älteren Alfred hinunter, ein Kinderspiel. Aber die Kalkulation ging nicht auf. Bruno konnte Alfreds Hände nicht mehr erreichen, um ihn wieder herauf zu ziehen. Deshalb saß der kleine Alfred im

Bild 12 - Am Hafen von Frauenburg mit der Kathedrale im Hintergrund

Schacht fest. Beide wussten nichts besseres, als den Großvater um Hilfe zu holen. Mit Großvater und einem Strick kehrte Bruno zum Brunnen zurück. Nachdem der Großvater Alfred herausgezogen hatte, kam das dicke Ende. Er verwendete den selben hilfreichen Strick, um die beiden Lorbasse zu vertrimmen.

Lorbass, welch ein schönes Wort. Aus der deutschen Umgangssprache ist es fast gänzlich verschwunden. Meine Großmutter nannte mich auch immer so, wenn ich etwas ausgefressen hatte: „Wacht man, du Lorbass!"

Glücklich, Braunsberg wieder gesehen zu haben, fuhren wir nach Frauenburg (Fromborg). Die Braunsberger schienen mir ein wenig bedrückt über den traurigen Anblick ihrer Heimatstadt. Auf der Straße nach Frauenburg (Bild 12) folgten wir teilweise dem Weg, den 1945 die Flüchtenden nahmen. Am Hafen und mit Blick auf das Frische Haff sagte Bruno: „Ich seh' noch die Frau auf dem Wagen, wie sie rief: 'Helft uns doch! Helft uns doch!'"

Auf dem Pferdefuhrwerk habe sie gesessen. Aber das Eis hätte nicht an allen Stellen gehalten. Das Pferdefuhrwerk sei eingebrochen. Niemand hätte helfen können. Die Pferde, der Wagen und die Frau seien in den eisigen Fluten versunken.

Meine Mutter berichtete, dass sie auf der Flucht immer genug zu essen gehabt hätten. Ihr Vater hätte es verstanden, in jedem Dorf noch genügend Brot zu organisieren. Immer mehr Details der Flucht kamen ans Licht.

Es war Abend geworden. Nach einem erfrischenden Speiseeis gegenüber dem wuchtigen Kopernikus-Denkmal vor der Frauenburger Kathedrale machten wir uns auf den Heimweg zu unserem Ferienhaus in der Kaschubei. Ich wählte eine Abkürzung, jedenfalls sah es auf der Landkarte so aus. Irgendwo verfranzte ich mich. Zum Glück merkten die beiden Fahrer hinter mir das nicht. Aber in Danzig kam es dann noch dicker. Abends war mehr Verkehr als am Morgen und ich erwischte die falsche Ausfahrt. Als wir endlich aus Danzig raus waren, wusste ich nicht mehr, wo wir waren. Ich fand die Orte, durch die wir kamen, nicht auf der Landkarte.

Vor einer einsamen Landkneipe saßen Leute beim Piwo (Bier). Mit der Landkarte in der Hand trat ich auf sie zu. Zwei aus der freundlichen Gesellschaft sprachen

Bild 13 - Bruno erzählt beim Abendessen von seinen Jugendstreichen

Bild 14 - Wie man sieht, hat es gemundet. Von links nach rechts: Erich, Hilde, Ulla, Helmut und Egon massiert seine Stirn

ein paar Brocken deutsch. Ich bat, mir zu zeigen, wo ich mich hier befand. Doch sie blickten kaum auf die Landkarte und fragten immer, wo wir denn hin wollten. Ich war sicher, dass die Wegbeschreibung kompliziert sein würde, falls überhaupt jemand das kleine Nest kannte, wo unser Ferienhaus stand. Deshalb bestand ich darauf, dass sie mir auf der Landkarte zeigten, wo wir waren. Das würde mir genügen, um den Weg zu finden. Nach eini-

Bild 15 - Aus dem Vordergrund im Uhrzeigersinn: Erich, Hilde, Ulla, Helmut, Egon, Uschi und Brigitte

gem Hin und Her und mit Brunos Hilfe hatte ich es herausgebracht und verabschiedete mich von der angeheiterten Gesellschaft. Über herrliche kleine Alleen erreichten wir schließlich Kiełpino.

Im Ferienhaus setzten wir uns alle an den großen Esstisch. Ein reichliches Mahl wurde serviert. Bis spät in die Nacht plauderten und sangen wir (Bild 13, 14, 15). Alte, in Starnitz selbst gedichtete Lieder wurden aus den hintersten Gedächtniskammern geholt und bei offenem Fenster frisch geschmettert. Oft stockte der Gesang, weil der Text sich nicht komplett finden lassen wollte. Jene Lieder wurden früher auch in Starnitz gesungen, wenn man in Gruppen spät abends von der Feldarbeit heim gekommen war. Die russischen Besatzungssoldaten hätten sich über das fröhliche Singen aufgeregt und geschimpft, dass die Deutschen offenbar nicht genug gearbeitet und noch nicht müde genug gewesen seien, berichtete meine Mutter.

Bei einer geselligen Veranstaltung hätte man ein Lied angestimmt, in dem der Vers vorkam, „Es geht alles vorüber, es geht alles vorbei..." Da wäre ein russischer Offizier aufgesprungen und hätte geschrien: „Was geht vorüber? Was geht vorbei?" Beinahe sei es zu einem Blutbad gekommen. Denn er hatte offensichtlich angenommen, in dem Lied sei das Verschwinden der russischen Besatzung gemeint. Tatsächlich handelte das Lied aber vom Liebeskummer.

„Nach langen Zeiten", war eines der selbst gedichteten Lieder. Elli Schulz, Hildegard Saager und meine Mutter waren an dem Opus beteiligt. Nur mühsam wurden einige Strophen aus dem Gedächtnis zusammengetragen:

Nach langen Zeiten

*Nach langen Zeiten ein freier Sonntag,
das war für uns 'ne große Freud.
Wir beide saßen einsam und verlassen
im Garten auf der kleine Bank.
Wir beide saßen einsam und verlassen
im Garten auf der kleine Bank.*

*Die schönen Blumen,
die vor uns standen,
die blühten ja so wunderbar.
Die Vögel sangen wunderschöne Lieder,
die liebe Sonne schien dazu.
Die Vögel sangen wunderschöne Lieder,
die liebe Sonne schien dazu.*

*... auch unsre Brüder hat es fortgerissen,
davon sind auch schon viele tot.
Sie mussten kämpfen um ihr Leben,
sie gingen ein für's Vaterland.
Doch alles, alles war vergebens.
Der Feind, der hat uns doch umrannt.*

Ein anderes Lied, das meine Mutter bei Familientreffen immer wieder gerne anstimmt, wurde gesungen. Woher die Zeilen stammen, wer es gedichtet hat, wusste niemand mehr:

Als wir vor zwanzig Jahr'n

Als wir vor zwanzig Jahr'n
zwei hübsche junge Mädchen war'n,
ei solche trifft man heute nicht mehr an.
Ein jeder war entzückt,
wenn er uns hat erblickt,
wenn wir wie Püppchen sind spaziert einmal.

Wir war'n so zierlich
und so manierlich
an uns hat Freud gehabt ein jeder Mann.
Ging' wir zum Tanz einmal,
hieß es gleich überall:
Heut sind die hübschen Mädchen wieder da.

Ein jeder bot uns dann
gleich Herz und Ringlein an.
Ein jeder wollt' gleich sprechen mit Mama.
Wir gaben jedem
gleich schnippsche Reden,
der uns ein wenig nur hat angelacht.

Jetzt wär's uns lieber,
doch ist's vorüber.
Jetzt lassen uns die Männer ruhig stehn.
Ei Mädels denkt daran,
nehmt euch ein Beispiel dran,
seid nicht so eitel in der Jugendzeit.

Wir haben's auch getan,
jetzt schaut uns keiner an.
Jetzt steh'n wir da mit unsrer Herrlichkeit.
Es tut uns schmerzen,
geht uns zu Herzen.
Des Jünglings Pfeil geht stets an uns vorbei.

Danzig (Gdańsk)

In Danzig (Gdańsk) war niemand von unserer Reisegruppe vor dem Krieg gewesen, außer Erich. Mit fünfzehn Jahren war er nicht alt genug, um eingezogen zu werden. Aber er wurde zur Vorbereitung auf den Militärdienst abkommandiert und hielt sich in den letzten Kriegstage in Hela und Danzig auf.

Bild 16 - Langen Markt (Długi Targ) in Danzig

Danzig ist eine moderne, europäische Großstadt. Die zerstörten Gebäude sind wieder aufgebaut. Ruinen sieht man kaum. Der Straßenverkehr ist dicht und schnell. Ich versuchte sofort einen Parkplatz für unsere drei Autos zu finden, was mir auch beim zweiten Anlauf gelang. Von einem modernen Parkhaus zogen wir zu Fuß Richtung Stadtmitte los. Zunächst ging es durch winklige Gassen.

Dann standen wir vor der mächtigen Marienkirche

(Kościół Najświętszej Maryi Panny). Sie war von Touristen überfüllt. Man hatte nicht unbedingt den Eindruck, in einem Gotteshaus zu sein. Als nächste Station steuerten wir den Langen Markt (Długi Targ) an. Er bot sich als schöne Fußgängerzone mit herrlichen Hausgiebeln und allerlei Läden an (Bild 16, 17). Bernstein, überall Bernsteinläden. Im Zweiten Weltkrieg wurde Danzig zu 90 Prozent zerstört. Die Stadt ist nach historischen Plänen wunderbar wieder aufgebaut worden.

Bild 17 - Langen Markt (Długi Targ) in Danzig

Am 31. August 1980 führte ein Streik auf der ehemaligen Lenin-Werft, nicht weit von der Innenstadt, zu den sogenannten Danziger Vereinbarungen. Die Gewerkschaften wurden offiziell anerkannt. Viele sehen in diesem Tag den Anfang vom Ende des Kommunismus in Osteuropa.

In einem Restaurant neben dem weltberühmten Kranentors (Bild 18) aßen wir zu Mittag. Danach schlenderten wir durch die Mariacka Straße (Bild 19) zurück zum Langen Markt. In der Mariacka gab es noch mehr Bernsteinschmuck zu sehen. Buchstäblich ein Laden neben dem anderen mit Ausstellungsständen vor jedem Haus. Wer Bernsteinprodukte (Bild 20) sucht, darf diese

Bild 18 - Das weltberühmte Kranentor in Danzig

Straße nicht auslassen. Die Damen in unserer Gruppe erwarben das eine oder andere Schmuckstück.

Müde erreichten wir wieder das Parkhaus. Egon schlug vor, zur Westerplatte zu fahren. Den Wegweiser „Westerplatte" hatten wir bereits an vielen Straßenkreuzungen gesehen. Der Weg dorthin entpuppt sich als länger denn erwartet. Danzig ist eben riesig. Nachdem wir die Autos auf einem bewachten Parkplatz abgestellt hatten, machten wir uns auf den Weg zum Denkmal Westerplatte. Auch dieser Weg war länger als erwartet. Einige aus der Gruppe gaben auf und stiegen nicht zum Denkmal hinauf. Von Oben konnte man im Dunst die riesige Hafenanlage ausmachen und dahinter schwach die Stadt erkennen.

Das Denkmal (Bild 21) wurde 1966 zu Ehren der Verteidiger errichtet. Hier begann am 1. September 1939 der

Bild 19 - Mariacka Straße in Danzig

Zweite Weltkrieg. Das deutsche Kriegsschiff „Schleswig-Holstein" feuerte damals auf das polnische Munitionsdepot auf der Westerplatte. Sieben Tage lang leisteten die 182 polnischen Soldaten der deutschen Übermacht erbitterten Widerstand.

Nach dem Besuch des Denkmals hockten wir noch ein wenig am nahen Sandstrand der Ostsee und Egon erzählt mir, wie er nach Starnitz kam. Egon Magalowski ist ein waschechter Berliner. 1944 wurde seine Schule in Berlin ausgebombt. Die Eltern entschieden, dass es in Berlin zu gefährlich für den neunjährigen Jungen sei und schickten ihn zu den Großeltern nach Starnitz. Dort erlebte er dann das Kriegsende und musste bleiben. Er heiratete Ursula

(Uschi) Schulz, die aus Stolp nach Starnitz gekommen war und konnte erst 1958 wieder nach Berlin zurückkehren. Dort meldete er sich als Spätaussiedler, um die entsprechenden Vergünstigungen zu erhalten. Doch Egon

Bild 20 - Bernsteinauslage vor einem Haus in der Mariacka Straße in Danzig

erlebte eine Überraschung. Man sagte ihm, dass er keine Ansprüche hätte, weil er als Berliner nie abgemeldet worden sein. Er habe doch immer schon in Berlin gelebt. Erst bei einem erneuten Anlauf anerkannten die Berliner Behörden Egons besonderes Schicksal und gewährten die üblichen Vergünstigungen für Spätaussiedler, was damals nicht besonders viel war. Eigentlich bestanden sie nur aus dem Anspruch auf eine Sozialwohnung.

Auf dem Rückweg zum Ferienhaus (Bild 22) steuerten wir das riesige Einkaufszentrum am östlichen Stadtrand von Danzig an. Neben einigen kleineren

Bild 21 - Das Denkmal (Pomnik Obrońców Wybrzeża) auf der Westerplatte in Danzig zu Ehren der Verteidiger. Hier begann am 1. September 1939 der Zweite Weltkrieg.

Geschäften gibt es dort eine Filiale der Supermarktkette „Auchan". Ich kannte „Auchan" aus Frankreich, und die Filiale hier war genau so eingerichtet und ausgestattet wie in Frankreich. Sogar die hübschen Botenmädchen auf Rollschuhen hatte man übernommen. Wir zählten zweiundsechzig Kassen und fast alle waren besetzt. Entsprechend vielfältig waren die Auslagen. Neben polnischen Produkten wurden auch zahllose internationale Waren angeboten.

Der Preis einer Aktenmappe erschien mir äußerst günstig, viel zu günstig. Ich begab mich zur Information, um mir den Preis bestätigen zu lassen. Dort wollte mir dann aber nicht mehr einfallen, was auf polnisch heißt: Wie viel kostet das? Vor kurzem hatte ich es noch gewusst. Nun war der Satz weg. Deshalb stellte ich meine

Bild 22 - Unser Ferienhaus in der Kaschubei (Kaszubskie), westlich von Danzig

Frage auf englisch. Eine Dame sprach englisch und übersetzte es der Kollegin in polnisch: „Ile to kosztuje?" Als ich das hörte, verstand ich es sofort. Nun werde ich den Satz hoffentlich nie mehr vergessen. Es stellte sich heraus, dass beim Preis der Aktenmappe das Komma auf dem Preisschild am Regal um eine Stelle zu weit nach links gerutscht war. Schade.

Kosemühl (Kozin)

Dienstag, 18. Juni 2002. - Rathsdamnitz und Starnitz standen auf dem Programm. Ich schlug vor, einen Abstecher nach Kosemühl (Kozin) zu machen, wir kämen sowieso fast durch. Mein Vater wurde in Kosemühl geboren. Mit ihm besuchte ich 1989 zum ersten Mal Kosemühl. Danach war ich noch zweimal in Kosemühl und meinte den Weg zu kennen. Doch wir landeten in einem Wald und die Straße war plötzlich keine Straße mehr. Sie wurde immer enger, bildete schließlich nur noch einen sandigen Weg mit tiefen Spurrillen von Feldfahrzeugen. Dann kam uns auch noch ein mit Baumstämmen beladener LKW entgegen. Er war so übervoll beladen und schwanke auf dem unebenen Weg so bedrohlich, dass ich erwartete, er würde jeden Augenblick umkippen. Eine Polizeistreife hätte dem Fahrer sicher den Führerschein abgenommen. Glücklicherweise konnten wir an einer Weggabelung warten, bis das unheimliche Gefährt vorüber fuhr. Wären wir eine Minute schneller gewesen, hätten wir uns an einer Stelle getroffen, wo ein Ausweichmanöver unmöglich war. Schließlich erreichten wir aufatmend wieder eine feste Landstraße.

Auf der Landkarte rekonstruierte ich später unsere unheimliche Fahrt durch Wald und Feld. Die Ortsbezeichnung Kłosy (Klössen) muss mich irritiert haben. Kosin und Kłosy, irgendwie hatte das auf den Wegweisern wohl ähnlich ausgesehen. Jedenfalls fuhren wir um den Jassener See und fanden über irgendwelche Wald- und Feldwege wieder die Straße nach Schwarzdamerkow (Czarna Dąbrówka). Von dort war es dann nur noch ein Katzensprung nach Kosemühl. Aber ich freute mich, abseits der großen Straßen ein wenig mehr von der Landschaft meines Großvaters gesehen zu haben. Mein Großvater Franz Staubach war nämlich in Oscarshöhe bei Wutzkow zur

Welt gekommen und sein Vater, Johann Staubach, wurde in Groß Rakitt geboren. Ein paar Jahrzehnte hielten sich die Staubachs im Dreieck Wutzkow, Groß Rakitt, Kosemühl auf. Der Vater von Johann Staubach (ebenfalls Johann Staubach) wurde in Stolp geboren. Was die Familie aus der Stadt aufs Land verschlagen hatte, habe ich bis heute nicht heraus bekommen. Denn Land besaßen sie offensichtlich keines.

1989 zeigte mir mein Vater das Haus in Kosemühl, in dem er geboren wurde und wo er seine Kindheit verbracht hatte. Ganz sicher war er sich nicht mehr, ob es das zwei-

Bild 23 - Kosemühl (Kozin), wo mein Vater, Heinz Staubach, geboren wurde und aufwuchs.

te, oder dritte Haus gewesen war. Heute besteht Kosemühl (Bild 23) nur noch aus fünf Wohnhäusern, die in einer Reihe an der geraden Straße stehen. Alle Häuser sind vom gleichen Baustil. Mein Vater meinte sich zu erinnern, dass es früher noch ein Haus mehr in der Reihe gegeben habe. Auf jeden Fall hätten auch auf der gegenüberliegenden Straßenseite Häuser gestanden. Heute ist dort nur ein Feld. Und vorn an der Eisenbahnbrücke, dort hätte es ein großes Gasthaus gegeben. Auch davon sieht man nichts mehr.

Ohne den Hinweis meines Vaters wäre ich nie auf die Idee gekommen, dass dieser winzige Ort Kosemühl eine eigene Kirche hatte. Versteckt im Wald liegt sie. Er führte uns 1989 hinauf. Das Gebäude sah verlassen aus und schien nicht regelmäßig benutzt zu werden. Vielleicht war es sogar baufällig. Über dem Haupteingang reckte sich ein breiter Riss zwischen den roten Ziegeln zum Turm hinauf.

Auch den Kosemühler Friedhof hätte ich nicht dort gesucht, wo mein Vater uns damals hinführte. Das Grab seiner Mutter fanden wir nicht mehr. Sie war an Krebs gestorben, als mein Vater siebzehn Jahre alt war.

Auch jetzt, im Jahre 2002, sah Kosemühl noch so aus wie damals 1989. Nur ein winziges Wartehäuschen an der Bushaltestelle wurde inzwischen aufgestellt.

Rathsdamnitz
(Dębnica Kaszubska)

Aus Richtung Muttrin (Motarzyno) kommend näherten wir uns Rathsdamnitz (Dębnica Kaszubska). Nach der Kurve, an der die Straße aus Groß Dübsow (Dobieszewo) mündet, wird der Asphalt sehr breit. Erst nach 1958 wurde die ursprüngliche Chaussee fünf- oder sechsfach verbreitert (Bild 49). Die Straße verläuft hier wie am Lineal gezogen schnurgerade an der früheren Starnitzer Haltestelle der Bahn vorbei. Vom ehemaligen Bahnkörper ist nichts mehr zu sehen. Ich erfuhr, dass die Straße an dieser Stelle für Kriegszeiten als Notlandebahn für Flugzeuge ausgebaut worden sei. Früher, als die Chaussee noch normal schmal und rechts und links von Birken eingefasst war, da bin ich hier täglich auf dem Fahrrad zur Schule gefahren. Denn es gab nur in Starnitz (Starnice) eine deutsche Schule und wir wohnten in Rathsdamnitz. Bruno legte die selbe Strecke von Starnitz kommend zurück, weil er in Rathsdamnitz arbeitete. Wir trafen uns nur selten, weil er schon viel früher losfuhr und längst am Arbeitsplatz war, wenn ich mich auf den Weg machte. Aber im Winter konnte ich seine Fahrradspur im Schnee sehen. Unsere beiden Fahrradspuren waren oft die einzigen auf dieser geraden Chaussee.

Gegenüber der Abzweigung nach Starnitz führt der Weg zum Kriener See (J. Krzynia). Ich erinnerte mich, wie damals im Winter 1957/58 Erich aufgeregt auf den zugefrorenen See geradelt kam. Eingepackt in dicke Wintersachen, war von seiner schlanken Figur kaum etwas zu erkennen. Er ging zu meinem Vater, nachdem er doch besser vom Fahrrad abgestiegen war. Man konnte zwar auf der glatten Eisfläche des Sees gut Fahrrad fahren, doch der Ungeübte war zu Fuß sicherer. Es war ungewöhnlich, dass Erich auf den See kam, da er mit Angeln nicht viel im Sinn hatte. Ich stand etwa fünfzig Meter von meinem Vater entfernt an meinem Angelloch und beobachtete, wie Erich auf meinen Vater einredete. Etwas bedeutsames musste passiert sein. Doch Vater ließ sich nicht aus der Ruhe bringen. Die Barsche bissen gut an jenem Tag. Erich schaute ihm ein wenig zu und kam dann zu mir.

„Die Papiere sind heute gekommen", verkündete er mit wichtiger Mine, „ihr könnt ausreisen!"

Meine Mutter hatte ihn hergeschickt und war in der Erwartung, dass wir sofort unsere Angelsachen einpacken und nach Hause fahren würden. Doch wie gesagt, die Barsche bissen gerade gut, das taten sie nicht immer, und Vater meinte, wir sollten noch ein bisschen angeln. So stand jeder an seinem Angelloch und bewegte den etwa einen halben Meter langen Angelstock ständig auf und ab. An der ungefähr eineinhalb Meter langen Schnur hing ein selbstgelöteter Blinken, der wie eine kleine Sardine aussah. Ins etwa zehn bis fünfzehn Zentimeter dicke Eis hatten wir mit dem Beilchen kleine Angellöcher, geschlagen. Verließ man das Angelloch für ein paar Minuten, so war es im Nu wieder zugefroren, weil Angelschnur und Blinker das Wasser nicht mehr bewegten. Es herrschte der übliche strenge Winter in Pomorze, wie Pommern auf polnisch heißt. Gegen halb zwölf Uhr hatte ich mehr Barsche geangelt, als mein Vater. Damals wusste ich noch nicht, dass es das letzte Mal für mich sein würde, auf diese Weise Fische zu angeln.

„Ja wo bleibt ihr denn? Ich denk' schon, es ist was passiert. Hat Erich nicht gesagt, dass ihr gleich kommen sollt?", begrüßte meine Mutter uns vorwurfsvoll zu Hause. „Die Papiere sind doch gekommen!"

Im Frühjahr 1958 durften wir mittels der „Papiere" ganz legal nach Deutschland ausreisen. Tante Metha, die ich nur vom Hören kannte, hatte sich dafür eingesetzt, dass wir die „Papiere" bekamen. Zu ihr sollte die Reise gehen: Anton und Metha Meironk in Herdecke an der Ruhr. So wurde es auf all unsere Gepäckstücke geschrieben.

Wir landeten dann allerdings in Norddeutschland und nicht im Ruhrgebiet. Aber zunächst galt es, Holzkisten zu zimmern, in denen wir das Nötigste mitnehmen konnten. Vater hatte sich schon vor Monaten einiges dafür zurechtgelegt, jetzt wurde es ernst. Wir würden nach Deutschland aussiedeln, und um uns würden ebenfalls nur Deutsche wohnen. So hatte man mir erzählt. Ich hatte Mühe, mir das genau vorzustellen, weil wir in einem Ort wohnten, in dem es fast nur Polen gab.

Der alte Krien fiel mir wieder ein. Auf dem Fahrrad hatte er mich auf der Chaussee zwischen Starnitz und Rathsdamnitz eingeholt. Genau dort, wo die Straße jetzt für Flugzeuge ausgebaut ist. Das war im September oder Oktober gewesen. Über das ganze Gesicht hatte er gestrahlt und seine rote Nase hatte geleuchtet, als er mir verkündete: „Meine Papiere sind gekommen! Jetzt geht's heim, ins Reich!" Er nannte den Namen einer Stadt, die ich nicht kannte. Munter sprach er zu mir, einem zehnjährigen Jungen, wie zu einem Erwachsenen. Er lachte und freute sich, dass seine gelben Zähne nur so blitzten, während ich schweigend neben ihm radelte. Vielleicht war ich der Erste, dem er diese gute Botschaft berichten konnte. Er wohnte in der einsam gelegenen alten Starnitzer Mühle an der Schottow. „Ja, heim, ins Reich!", tönte es wieder, und er hatte es eilig, auf seinem Fahrrad weiterzukommen. Ich höre es heute noch. Heim, ins Reich. Wo war das? Ich konnte nichts damit anfangen.

Was wir mitnehmen wollten und durften kam in die Kisten. Alles Übrige versuchten meine Eltern zu verkaufen. Viel wurde verschenkt. Zuletzt stand nur noch ein alter Holzschemel in der Küche. An dem knieten wir nieder, meine beiden Schwestern, Mutti, Papa und ich.

Mein Vater sprach ein letztes Gebet in unserer alten Küche. Wer nach uns dort eingezogen ist, wissen wir nicht. Nach dem Gebet warteten wir auf den Bus, der uns nach Słupsk (Stolp) bringen sollte. Ob es wohl ein Hühnerbus sein würde? Hühnerbusse nannten wir Kinder jene planbespannten LKWs, auf denen Sitzreihen montiert waren. Angeblich saß man darauf wie Hühner auf der Stange. Diese LKWs wurden gelegentlich auch im Linienverkehr eingesetzt. Eigentlich waren es Militärtransporter. Aber nein, wir wurden in einem schönen Bus nach Słupsk gefahren. Dabei wäre ich doch so gerne mal mit einem Hühnerbus gefahren. Von wem wir uns verabschiedeten, weiß ich nicht mehr. Es waren schon viele vor uns ausgesiedelt, so dass es auch in Starnitz kaum noch Deutsche gab.

Die Nudelsuppe im Restaurant neben dem Stolper Bahnhof hat sehr gut geschmeckt. Wir hatten noch etwas Zeit gehabt nach unserer Ankunft. Doch endlich kam der Zug und wir saßen im Abteil. Es war meine zweite Eisenbahnreise; für uns Kinder eine aufregende Sache. Als wir in Szczecin (Stettin) ankamen, war es bereits dunkel geworden. Mit Autos wurden wir, es gab in dem Zug noch mehr Aussiedler, vom Bahnhof zu einem Haus mit Schlafsälen gebracht. Weiße Laken, weiße Betten, überhaupt war alles sehr hell. Dort übernachteten viele Deutsche, die nach Deutschland reisten.

Am nächsten Morgen saßen wir wieder im Zug. In unser Abteil war noch ein älteres Ehepaar zugestiegen. Nun sollte es über die Grenze gehen. „Die Oder ist die Grenze", sagte der alte Mann, „wenn wir da rüber sind, sind wir aus Polen raus und in Deutschland." Nun hatte ich aber auf einer Landkarte in der Schule gesehen, dass die Grenze bei Stettin erst ein ganzes Stück hinter der Oder verläuft. Das sei schon richtig, meinte er, doch im allgemeinen sei die Oder-Neiße-Linie die Grenze. Als wir über die Oder gefahren waren, hielt ich gespannt Ausschau nach der Grenze. Ich hatte noch nie zuvor eine Grenze gesehen oder gar überquert. Das konnte ich mir doch nicht entgehen lassen. Und da, dass musste sie sein, ein breiter Sandstreifen, breiter als eine Straße, und sah auch aus wie eine Straße. Aber niemand, keine Fahrzeuge, keine Menschen, keine Tiere waren darauf zu sehen, auch keine Spuren. Sie wirkte sehr sauber und gepflegt. Nur wenige Sekunden konnte ich sie sehen, die Grenze, und ich werde sie nie vergessen. Warum man besondere Papiere brauchte, um über so eine Grenze zu fahren, war mir damals absolut unverständlich.

Wenig später hielt der Zug in einem kleinen Bahnhof. Deutsche Beamte kamen in den Zug. Das erste Mal sah ich uniformierte Beamte, die deutsch sprachen. Unsere Papiere wurden kontrolliert und wir bekamen Reiseproviant. Die Uniformierten behandelten uns höflich und freundlich. Erst viel später begriff ich, dass es zwischen Ostdeutschland und Westdeutschland eine noch wesentlich strenger bewachte Grenze gab. Doch jene Grenze bemerkt ich damals nicht, wahrscheinlich schlief ich tief und fest. Wir waren erst einmal in Ostdeutschland und unser Zug würde ohne weiteren Aufenthalt bis nach Westdeutschland durchfahren, zum Lager Friedland.

Der Reiseproviant bestand aus belegten Broten, Äpfeln, Apfelsinen, Getränken und Bananen. Bananen, das erste Mal in meinem Leben sah ich eine Banane. Das ältere Ehepaar kannte sie. Meine Eltern hatten vor dem Krieg auch schon mal welche gegessen. Der alte Mann in unserem Abteil demonstrierte, wie man eine Banane pellt und isst. Auch das Weiche an der Innenseite der Schale könne man essen, sagte er und fuhr mit dem Daumennagel daran entlang. Das Abgeschabte ließ er genüsslich auf der Zunge zergehen. Vorsichtig biss ich ein Stück von meiner Banane ab. Der exotische Geruch und der mehlige Geschmack waren mir nicht ganz geheuer. Erst später fand ich Gefallen daran. Wir seien nun in Deutschland, wo es auch Bananen gäbe, die aus Afrika kämen, schwärmte der alte Mann.

Die Glocken läuteten, als der Zug im Lager Friedland hielt. In einem großen Versammlungsraum gab es Kaffee und Kuchen. Wir wurden offiziell begrüßt und ein Pfarrer hielt eine Ansprache. Einige Erwachsene hatten Tränen in den Augen. Wir waren in Deutschland. Niemand sprach hier vom Reich. Was hatte der alte Krien nur gemeint? Und auch nicht als Heimkehrer fühlte ich mich.

Nicht überall wurden wir freundlich aufgenommen. In der Schule wurde ich gehänselt. „Polack" rief man hinter mir, obwohl ich die polnische Sprache kaum beherrschte. Es dauerte Jahre, bis niemand mehr merkte, am Akzent, an der abgetragenen Kleidung, woher wir kamen. Doch man sprach hier die Sprache, die meine Mutter mich lehrte. Das verband. Und meine schöne Kindheit, die erlebte ich in einem anderen Land. Heute schaue ich zufrieden zurück. Denn das Aufwachsen in verschiedenen Ländern öffnete meinen Blick und meine Gefühle für andere Nationen. Ich glaube, es machte mich auch ein wenig toleranter.

Die breite Chaussee nach Rathsdamnitz wurde wieder eng und rechts neben der Straße erschienen die ersten Häuser. „Hasenheide" nannten wir diesen Ortsteil. Dort stehen fast nur Einfamilienhäuser, einige neu gebaut. Der Ortskern von Rathsdamnitz ist fast unverändert so erhalten, wie ich ihn aus dem Jahre 1958 in Erinnerung habe.

Als erstes fuhren wird zum Haus, in dem wir jahrelang gewohnt hatten (Bild 24). Es steht an der Straßengabelung Richtung Stolp, dort, wo sich ein Verkehrsdreieck ergibt mit einem Kruzifix in der Mitte. Wir bewohnten damals die rechte Haushälfte. Das jetzt breite Fenster zur Straße wurde später eingebaut. Die Fensterfront hatte seinerzeit rechts genau so ausgesehen wie heute immer noch die linke, mit kleinen Fenstern. Hinter diesen Fenstern befand sich das Herrenzimmer. Es wurde nur Weihnachten, Ostern und zu besonderen Anlässen betreten. Unser Familienleben spielte sich im mittleren Zimmer ab, welches nur ein Fenster zur Giebelseite hatte. An der Hofseite war das Kinderzimmer. Trat man vom Hof ein, so stand man

Bild 24 - Brigitte und meine Mutter vor dem Haus in Rathsdamnitz, in dem wir vor der Aussiedlung nach Deutschland wohnten.

gleich in der Küche. Es gab auch für die rechte und linke Haushälfte je einen Eingang von der Straßenseite, direkt unter der Schleppgaube. Wir benutzten jene Eingänge aber nicht. Heute sind sie zugemauert. Die Räume oben bewohnten wir nicht.

In der anderen Haushälfte lebte eine Polin mit ihrem Sohn. Der Sohn besuchte eine höhere Schule in Stolp. Wir sahen ihn kaum. Mit der Frau pflegten wir gute Nachbarschaft. Besonders Brigitte verstand sich hervorragend mit ihr. Sie war stets gut gekleidet, frisiert und geschminkt. An den polnischen Namen der Dame erinnere ich mich noch, weiß aber nicht, wie er korrekt geschrieben wird. Womit sie ihren Lebensunterhalt verdiente, war ein Geheimnis. Es ging das Gerücht im Dorf, dass sie bei der Geheimpolizei sei.

Als wir die „Papiere" erhalten hatten, zimmerte mein Vater in den oberen Räume jenes Hauses die Kisten, in die wir unsere Habe packten, die mit auf die Reise nach Deutschland ging. Ich durfte ihm dabei helfen, indem ich die Nägel anreichte. Eine Kiste wurde besonders genau abgemessen. Sie war so groß, das Vaters auseinandergenommenes Fahrrad hineinpasste.

Dort oben im Haus gab es einen seltsamen Ofen. Der stillgelegte Ofen und das Kaminrohr steckten voller Geld, bündelweise. Als ich es das erste Mal entdeckte, habe ich wohl ausgerufen: „Schaut mal, wird sind reich! Wir sind unheimlich reich!" Denn auf den einzelnen Geldscheinen las ich: „Fünf Millionen Mark", „Eine Milliarde Mark", „Zehn Billionen Mark", und so weiter und so weiter. Dass dieses Geld nichts wert sein sollte, mochte ich nicht glauben und der Begriff „Inflation", sagte mir überhaupt nichts. Davon hatte ich nie in der Schule gehört.

Als wir uns 1989 zum ersten Mal nach unserer Aussiedlung vor dem Gebäude auf der Straße zu einem Foto aufstellten, kam wütend ein Pole aus dem Haus gerannt. Er brüllte laut gestikulierend und hätte vielleicht sogar auf uns eingeschlagen, wenn nicht der Zaun zwischen uns gewesen wäre. Meine Mutter versuchte, ihn auf polnisch zu beruhigen. Doch sie fand offenbar nicht die rechten Worte. Er wurde nur noch lauter.

Nach dieser Begegnung wagten wir auch bei den späteren Reisen nach Rathsdamnitz keinen Blick auf den Hof um zu sehen, ob dort noch die Stallgebäude, der Garten und das Klo standen. In einem Stall hatte Vater seine Werkstatt. Auch das Brennholz und die Kohlen wurden dort gelagert. Im anderen Stall hielten wir Kaninchen,

Hühner und zeitweise sogar eine Kuh. So mangelte es uns in Rathsdamnitz nie an frischen Eiern, Milch und Fleisch. Gewöhnlich gab es aber nur sonntags ein knuspriges Hähnchen.

Um den Brustknochen, den „Gewinnsknochen", wurde dann stets gewettet. Und wehe, Mutter hatte ihn beim zerlegen versehentlich beschädigt. Zwei fassten je ein Ende des sauber genagten Knochens und zogen bis er bracht. Der mit dem längeren Stück in der Hand hatte gewonnen. Dabei ging es nur um das Gewinnen. Man konnte nie voraussagen, wo der Knochen brechen würde.

Hinter den Ställen standen ein paar Obstbäume und es dehnte sich ein riesiger Garten aus. Dort setzten meine Eltern Kartoffeln und zogen Gemüse. Die Kartoffeln lagerten wir im unheimlich finsteren Keller. Sie reichten das ganze Jahr. Im Frühjahr begannen sie zu keimen. Ich erinnere mich an die unangenehme Aufgabe, aus dem Kartoffelkeller die Mittagsration herauf zu holen und zu entkeimen. Meistens gab es Salzkartoffeln zum Mittag, nur selten Nudeln.

Der große Kirschbaum trug so herrliche Früchte, dass meine Schwester Brigitte und ich dafür bis in den hohen Wipfel kletterten. Dort waren die Äste dann so dünn, dass sie uns kaum trugen und Mutter unten zu schimpfen begann. Ob der Kirschbaum noch steht? Wie bereits beschrieben, wagten wir keinen Blick mehr hinter das Haus, wo sich ein großer Teil meiner Kindheit abspielte. Als wir nun, im Jahre 2002, dort standen, kamen zwei junge Männer ans Eingangstor. Bruno unterhielt sich mit ihnen in polnisch. Aber eine Einladung erhielten wir nicht.

Wir schwangen uns wieder in unsere drei Autos und fuhren den Sandweg hoch, wo Schillings gewohnt hatten. Erich Schilling wurde vom jetzigen Bewohner, einem Polen, freudig begrüßt und umarmt. Es geschah so spontan, dass ich leider verpasste, diese Szene zu fotografieren. Aber auch Bild 25 und 26 machen deutlich, dass wir willkommen waren. Die Frau des Hauses bat uns sofort alle herein. Die Wohnung war erfrischend gut eingerichtet. Es sind die selben Leute, die 1958 einzogen, als Schillings auszogen. Erich Schilling wurde zwar in Labüssow geboren, ist aber in Rathsdamnitz aufgewachsen und kennt den Ort und dessen Geschichte besser

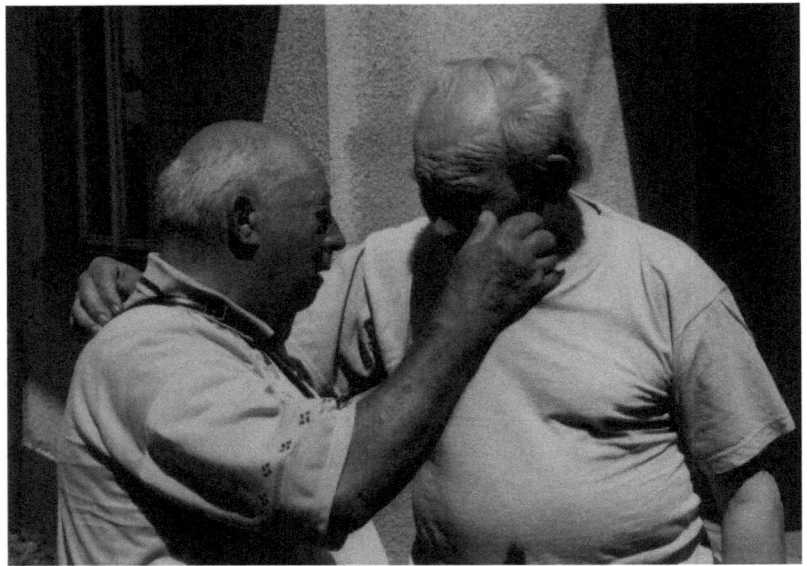

Bild 25 - Erich (links) wird herzlich vom polnischen Hausherrn vor seiner ehemaligen Wohnung empfangen

als alle anderen aus unserer Reisegruppe.

Schillings, unsere Familie und Porozynskis waren nach dem Zweiten Weltkrieg wahrscheinlich die einzigen Deutschen in Rathsdamnitz. Nein, da gab es noch die Frau des Kommandanten. Das war auch eine Deutsche. Aber zu der hatten wir kaum Kontakt. Es war eine sehr schöne Frau. Wenn ich zu Porozynskis ging, kam ich an ihrem Haus vorbei und sah sie dort gelegentlich werkeln. Im Vorgarten standen stets wunderschöne Blumen und nirgendwo wuchs ein so saftig grünen Zierrasen als dort.

Zur Familie Porozynski hatten wir eine besondere Beziehung, auf die ich später noch eingehen werde. Wir be-

Bild 26 - Erich und Hilde mit den jetzigen Hausbewohnern vor jenem Gebäude in Rathsdamnitz, wo sie im oberen Stock wohnten.

trachteten sie als Deutsche und die Polen wahrscheinlich als Polen. Denn sie trugen nicht nur einen polnischen Namen, sie sprachen auch perfekt deutsch und polnisch. Die Kinder besuchten die polnische Schule am Ort. Der alte Porozynski war Ingenieur und genoss bei den Polen hohes Ansehen. Während in Starnitz fast das gesamte Dorf von Deutschen bewohnt war, gab es in Rathsdamnitz nur diese wenigen Deutschen. Als Junge musste ich deshalb manchmal meine Schwestern in Schutz nehmen, wenn polnische Kinder uns beschimpften: „Niemka, Niemka!" (Deutsche, Deutsche!)

Porozynskis Tochter Evelyn war mit Piotr Iwaszkiewicz verheiratet. Sie hatten mehrere Kinder. Mit den ältesten, Donald und Ralf, verstand ich mich gut. In den sechziger Jahren erhielt ich von Donald einen Brief. Er bat mich um Information über eine Arbeitsstelle in der Landwirtschaft. Gerne würde er in einem Haus mit großem Garten wohnen, in dem er selbst Kartoffeln anpflanzen könnte. Ich war damals in Hagen i.W. und damit beschäftigt, die Mittlere Reife auf dem zweiten Bildungsweg zu erwerben. Mit Landwirtschaft hatte ich überhaupt nichts am Hut. Mein Brief ist deshalb wohl etwas kühl ausgefallen. Jedenfalls erhielt ich keine Antwort darauf. Jahre später, aber noch lange vor dem Fall der Mauer, erreichte mich über ein paar Ecken die Nachricht, dass Donald es irgendwie aus Polen heraus geschafft hatte und in der Nähe von Hannover lebe. Doch ein Kontakt ergab sich erst Jahre später.

Vor Schillings ehemaligem Haus stehend, blickte ich zu jenem Feld hinüber, wo einst die hölzernen Antennentürme des Mittelwellensenders Stolp gestanden hatten. Erinnerungen an ein Fest bei Schillings stiegen auf. Vielleicht feierte die Familie Ostern oder die Taufe eines Kindes. Fünf ihrer Kinder wurden in der Rathsdamnitzer Kirche getauft. Die Erwachsenen amüsierten sich prächtig. Wolfgang und Gerhard, mit denen ich oft spielte, waren schon beschäftigt. Für mich und meine vierjährige Schwester Marieanne war es nach dem Essen entsetzlich langweilig. Ich nahm sie an die Hand, wir marschierten zu den Antennentürmen. Mit der Mentalität „ach, da ist ja noch ein Stück Torte für mich, das esse ich mal eben", begann ich einen Turm zu besteigen.

Das untere Stück der Leiter fehlte. Wahrscheinlich hatte es sich jemand organisiert. Deshalb musste ich an den Verstrebungen hochklettern und über einen Balken zur Leiter balancieren. Von da ab ging es senkrecht hinauf. Die Sprossen waren sehr stabil, schwarz gestrichen oder mit einem Holzschutzmittel behandelt. Auf der mittleren Plattform hörte ich Marieanne unten jammern, ich solle wieder herunter kommen. Doch nun hatte mich der Ehrgeiz gepackt, ich stieg weiter bis zur Spitze. Oben angekommen, musste ich eine schwere Luke aufstoßen. Sie war an einer Stelle morsch, sonst aber in Takt. Und dann stand ich auf der dreieckigen, nach allen Seiten offenen Plattform. Weil es kein Geländer gab und der Turm leicht schwankte, legte ich mich auf die Holzbohlen und robbte zur Kante. Unten sah ich einen roten Punkt. Das war Marieanne. Auch einige andere Leute konnte ich in Rathsdamnitz erkennen, ganz, ganz winzig. Den gesamten Ort überblickte ich und weit darüber hinaus. Ob Marieanne unten immer noch zeterte, hörte ich auf dem fünfzig Meter hohen Antennenturm nicht. Ich stieg wieder hinunter und erreicht schnell den Erdboden.

Bei Schillings war die Feier immer noch in vollem Gange. Nur Alfred saß still da.

„Weißt du, wo ich eben war? Auf dem Sender!"
„Was, oben?", fragte Alfred mich ungläubig
„Ja, ganz oben."
„Erzähl das bloß nicht Papa", sagte Alfred mit erhobenem Zeigefinder. „Der vertrimmt dich sonst:"
„Wieso?"
„Wie leicht hättest du da runterfallen können."

Mir schwante, dass ich etwas gefährliches unternommen hatte. Ich erzählte niemandem sonst, wo ich gewesen war. Marieanne hatte zum Glück nicht so recht mitbekommen, dass ich wirklich ganz oben auf einem der Sendetürme gestanden hatte. Jahrelang sprach ich nicht über diesen Ausflug.

Wir fuhren weiter zur Rathsdamnitzer Kirche. Dabei kamen wir über die Brücke, unter der der Mühlbach fließt. Als Kinder hatten wir dort oft gespielt. Folgt man dem Mühlbach hinauf, so kommt man am Ortsende an die Stelle, wo mein Vater in seinem erlernten Be-

Bild 27 - Katholische Kirche in Rathsdamnitz

ruf als Müller arbeitete. Doch die Mühle stand schon bei unserer ersten Reise 1989 nicht mehr. Enttäuscht blickte damals mein Vater auf den leeren Platz. In Kublitz (Kobylnica) hingegen, wo er das Handwerk gelernt hatte, dort stand die Mühle noch, war komplett erhalten und in Betrieb. Der polnische Müller ließ uns damals freundlich und unbekümmert eintreten und allein im Gebäude umherlaufen, während er sich draußen mit jemandem unterhielt. Ich erblickte seinerzeit eine Maschine, auf der ein blank geputztes Schild die deutsche Herkunft verriet. Sie war in Betrieb. Es habe nur geringe Veränderungen seit seine Lehre in der Mühle gegeben, sagte mein Vater. Der Antrieb sei damals allerdings über das Mühlrad durch Wasserkraft erfolgt. Irgendwann habe man dann auf Elektroantrieb umgestellt. Mein Vater erklärte mir die verschiedenen Geräte und Maschinen auf den einzelnen Stockwerken und schwelgte in der guten alten Zeit.

Im Eingangsbereich der Rathsdamnitzer Kirche (Bild 27) wurde 2002 gerade der Boden renoviert, als wir eintrafen. Wir betraten das Gebäude durch den Nebeneingang. Grundstück als auch Kirche sind sehr gepflegt. Innen ist es ein dunkles, irgendwie geheimnisvolles Gemäuer. Hinter jedem Stein, jedem Balken und Brett könnte eine mysteriöse Geschichte stecken.

Bei einer früheren Reise hatten wir die Kirche in Groß Dübsow (Dobieszewo) betreten. Auch jenes Gebäude hatte dort so geheimnisvoll auf mich gewirkt. In Dübsow waren Erich und Hilde getraut worden und ich fragte noch einmal nach der Geschichte über die Trauungskosten. Der Pfarrer in Rathsdamnitz sei auch in Dübsow zuständige gewesen. Niemand konnte sich mehr an seinen Namen erinnern. Aber seinen Spitznamen wussten alle noch: „Gogolorus". Er habe gerne ins Glas geschaut und musste nicht selten aus der Gospoda (Gaststätte) Heim gebracht werden. Jenen Gogolorus hatte Erich gefragt, was die Trauung koste. Darauf hatte er die Antwort erhalten: „Was eine gute Ziege kostet."

Unmittelbar nach der Trauung in Dübsow habe Gogolorus dann auch für die Umstehenden hörbar zu Erich gesagt: „Du hast die Ziege aber billig gekauft."

49

Nicht weit von der Kirche trifft man auf das Betriebsgelände des ehemaligen Rathsdamnitzer Gutshofes. Dort hatte Bruno als Schlosser in der Werkstatt gearbeitet. Ich ging zu Fuß mit ihm die paar Schritte. Bruno begann sogleich alles zu filmen (Bild 28). Eine moderne Kfz-Firma hat sich an jedem Ort niedergelassen und auch neue Werkhallen errichtet. Bruno erzählt dem

Bild 28 - Bruno filmt auf dem ehemaligen Gutshof Rathsdamnitz die Gebäude, wo er als Schlosser arbeitete.

jungen Pförtner, dass er hier gearbeitet habe und fragt, wie es um den neuen Betrieb stehe. Der Mann wiegte den Kopf. Das Betriebsgelände ist sehr sauber und ordentlich. Früher standen hier stets allerlei Feldmaschinen umher.

Es war Mittag geworden und wir machten uns auf den Weg zur Gospoda, dem ehemaligen Gasthaus Adolf Framke (Bild 29). Es war 1958 das einzige Gasthaus am Ort und daran hat sich bisher offensichtlich nichts geändert. Vor dem Krieg soll es fünf Gasthäuser in Rathsdamnitz gegeben haben, auch viele gute Geschäfte und Handwerksbetriebe. Aus meinen Kindertagen kann ich mich nur an die Gospoda, den Bäcker und den Konsum erinnern. Irgendwann gab es dann einen zweiten Bäcker, aber mehr Geschäfte fallen mir wirklich nicht ein. Allerdings gab es dann noch die Post, eine kleine Klinik und den aus Litauen stammenden Arzt Dr. Peinert mit seiner Frau.

Dort, wo sich früher die Gaststättenräume im Gebäude befunden hatten, trafen wir auf einen Supermarkt und fragten nach dem Restaurant. Die Dame an der Kasse deutete nach rechts, auf jenen Gebäudeteil, in dem sich der Festsaal befand. Dort hatte ich als kleiner Junge zum ersten Mal eine Theateraufführung erlebt. Irgend ein Märchen hatte es gegeben. An das Stück kann ich mich nicht mehr erinnern, aber an das Bühnenbild: Ein faszinierender, grüner Märchenwald.

Bild 29 - Gospoda, ehemaliges Gasthaus Adolf Framke in Rathsdamnitz

Mit dieser Erinnerung betrat ich den Saal und stand in einer finsteren, schwarz gestrichenen „Höhle". Okay, ich befand mich in der Disko der Ortsjugend. Wo früher die Bühne gewesen war, führte eine Treppe hinauf zu einem Tresen. Das konnte doch hier kein Restaurant sein. Ich verließ den finstern, leeren Saal und sagte, wir seien falsch. Aber Bruno hatte sich auf polnisch erkundigt und bestand darauf, dass dort das Restaurant sein müsse. Also wieder zurück. Wir durchschritten die dunkle Höhle, die Treppe hinauf und fragten am Tresen. Es gab dort tatsächlich ein paar Tische, die man von unten nicht sehen konnte. Zur Speisekarte reichte man ein Blatt mit deutscher Übersetzung. Es schienen hier öfter Deutsche einzukehren. Gute Hausmannskost wurde uns freundlich aufgetischt. Nach der reichlichen Mahlzeit machten wir uns gestärkt auf den Weg nach Starnitz.

Später am Abend las ich aus der Geschichte über Rathsdamnitz vor: *„Am 7. März (1945) vormittags standen die Russen bereits vor der Oberförsterei Loitzerbrück, etwa zwei Kilometer vom Bahnhof Rathsdamnitz entfert. Die gesprengte Brücke hielt sie hier für längere Zeit auf. Auch die Brücke über die Schottow bei der Papierfabrik war gesprengt. Die Hauptkräfte der Russen näherten sich aus Richtung Muttrin kommend dem Ort und kamen offensichtlich nicht recht voran. Im weiteren Verlauf der Nacht drangen russische Panzer in den Ort ein. Nach Abgabe von fünf Schüssen - wahrscheinlich das Zeichen zum Abrücken für alle Truppen - setzte sich die Artillerie nach Warblow ab. Drei Volkssturmmänner, die am Südende des Dorfes auf Posten standen, wurden von den Russen erschossen. Wie überall kam es zu Plünderungen und Vergewaltigungen von Frauen und Mädchen:"* (aus „Der Landkreis Stolp in Pommern" von Karl-Heinz Pagel)

„Ja, genau so war das damals", bestätigte Erich. Und er fügte hinzu, dass er noch die Namen der drei Volkssturmmänner wisse. Die seien besoffen gewesen und dann mit ihren Pistolen auf die Panzer losgegangen.

Erich berichtete auch, dass sich die Russen und die Polen in Rathsdamnitz nicht ausstanden. Es sei immer wieder zu Auseinandersetzungen und Schlägereien gekommen. Bei einer „Klopperei" zwischen Polen und Russen habe es fünfzehn Tote gegeben.

Starnitz (Starnice)

Kurz vor der Puppen-Brücke über die Schottow (Bild auf dem Umschlag) hielten wir auf dem dort angelegten Waldparkplatz. Damals, als Knabe, war ich sehr oft über diese Brücke geradelt. Gelegentlich hatte ich angehalten und mich mit einem Schluck Wasser aus der Schottow erfrischt. Wenn es nicht gerade geregnet hatte, war das Wasser sauber und klar. Auch bin ich hier oft mit meinem Vater lang gekommen, beim Forellen angeln. Den Namen Puppen-Brücke hatte ich in meiner Kindheit nie gehört. Den las ich erst sehr viel später auf der Reproduktion einer alten Landkarte.

Nun waren wir schon ganz nahe vor Starnitz. Da ich immer voran fuhr, bat Egon mich anzuhalten, wenn wir aus dem Wald heraus wären, dort, wo die Wiesen begännen. Es war ihm wichtig, an einer bestimmten Stelle zu halten. Ich ließ ihn deshalb vorfahren.

„Hier haben wir Heu gemacht", verkündete Egon, als wir alle an der bewussten Stelle ausgestiegen waren. Er zog ein altes Foto aus der Tasche. Darauf waren sieben Burschen mit Sensen abgebildet (Bild 30). „Die kenne ich alle noch mit Namen", verkündete er stolz und begann sie aufzuzählen.

Auch Helmut Müller hatte auf dieser Wiese so manches Jahr Heu gemacht (Bild 31). Im Hintergrund sieht man zwischen den Bäumen den einen Speicher des Ritterguts Starnitz. Rechts davon erstreckt sich der Schlosspark. Irgendwo dort wäre ein riesiger Schatz vergraben, erzählte man mir. Helmut stammt aus Starnitz. Sein Vater arbeitete als Kutscher des Gutsherren. Als der Krieg ausbrach wäre sei Vater mit dem Schatz auf dem Wagen zum Schlosspark kutschiert und leer zurück gekommen. Leider war Helmuts Vater nicht mehr aus dem Krieg Heim gekehrt. Der wüsste, wo alles vergraben sei. Der letzte Guts-

Bild 30 - Egon, zweiter von links, mit ehemaligen Arbeitskollegen beim Heu mach in Starnitz.

herr, Rudolf von Gottberg, starb 1935. Danach führte seine Ehefrau, Margarethe von Gottberg, das Gut. Sie soll nach dem Einmarsch der russischen Truppen gesagt haben: „Die können ruhig alles niederbrennen. Wir haben genug, um alles wieder aufzubauen." Frau von Gottberg machte sich 1946 oder 1947 auf den Weg nach Westen ins Rheinland. Niemand hat je wieder von ihr gehört. Vielleicht liegt der Schatz immer noch im Starnitzer Acker. Es sollen viele gesucht haben. Nach Kriegsende hatte einmal beim Pflügen der Pflug etwas tiefer als nötig gegriffen und ein Kiste mit Porzellan-Geschirr zu Tage gefördert. Das sei aber das einzige, was bisher gefunden wurde.

Starnitz, hier laufen alle Lebenswege unserer Reisegruppe zusammen. Helmut Müller und Edith Rauter (geb. Kramp), stammen aus Starnitz. Für meine Mutter

Bild 31 - Helmut und Egon vor jener Wiese, wo sie Heu machten. Im Hintergrund ein Speicher des Ritterguts Starnitz und der Schlosspark.

Agatha Staubach, (geb. Marquardt), Ulla Müller (Ursula, geb. Marquardt), Hilde Schilling (geb. Rauter) und Bruno Rauter endete hier die Flucht aus Ostpreußen. Aus Stolp vertrieben, fand Uschi Magalowski (Ursula, geb. Schulz) hier ein neues Zuhause. Egon Magalowski, der Berliner, musste die Hauptstadt wegen der dortigen Bombenangriffe verlassen und wurde nach Starnitz geschickt. Erich Schilling, aus Rathsdamnitz kommend, holte sich von hier Hilde, zur Frau. Meine Schwester Brigitte (verheiratete Haberl) und ich wurden in Starnitz geboren.

Wir fuhren die Straße hinauf und bogen an dem Haus, in dem einst Langes Emil gewohnt hatte, links auf die Dorfstraße. Zunächst standen wir etwas verloren da (Bild 32). Doch dann winkte jemand. Schimon, der aus der Ukraine nach Starnitz deportiert worden war, lud in sein Haus ein. Fast alle aus unserer Gruppe folgten der Einladung und blieben dort ein paar Minuten. Später kam Lonka Körlin mit roten Händen vom Preiselbeeren pflücken die Dorfstraße entlang. Ein neues Gespräch ergab sich.

Ich schaute zu der Stelle, wo einst mein Geburtshaus gestanden hatte (Bild 32, oben links). Ein neues zweistöckiges Einfamilienhaus hatte man dort errichtet. Mein Geburtshaus war schon baufällig gewesen, als ich geboren wurde. Vielleicht war es eines der ältesten Häuser in Starnitz. Einmal hatte Bruno mich zum Taubenschlag hinauf genommen. „Nur auf den Balken gehen!", hatte er mich ermahnt. Möglicherweise haben die späteren Bewohner das nicht beachtet, stürzten durch die dünne Lehmdecke und sahen aus dem Wohnzimmer den Himmel über sich.

Anfangs wohnten in diesem Haus alle Marquardts und Rauters. Dann starben mein Großvater Joseph Marquardt und Anton Rauter, Tante Gretes Schwager. Meine Mutter zog zu meinem Vater. Hilde heiratete nach Rathsdamnitz. Als ich dann bewusst dieses Haus kennen lernte, wohnten dort meine Großmutter Theresia Marquardt mit ihrer Tochter Margarete Rauter (Tante Grete) und deren Söhnen Alfred und Bruno.

Dass ich in jenem Haus meine Geburt überlebte, ist fast schon ein Wunder. Denn weder ein Arzt noch eine Hebamme standen meiner Mutter bei. So bekam ich eine ausgiebige Kopfmassage, noch bevor ich das Licht der Welt erblickte. Denn eine wohlmeinende Nachbarin hielt mein edles Haupt für die Fruchtblase, die es zu sprengen galt. Erst als man bemerkte, dass die besagte Blase behaart war, griffen die zwickenden Finger nicht mehr zu. Man ließ der Natur ihren Lauf. Verzweifelt schreiend blickte ich in die Flamme eines räuchernden Kienspans. Denn, obschon früh morgens, war es immer noch dunkel und der elektrische Strom ausgefallen. So erzählte es meine Mutter mir.

In jenem alten Haus lernte ich auch lesen und schreiben. Meine Familie wohnte damals schon lange in Rathsdamnitz. Aber weil es nur in Starnitz eine deutsche Schule (Bild 37) gab, wurde ich im Herbst 1954 dort eingeschult. Die beiden ersten Schuljahre wohnte ich bei meiner Großmutter, später radelte ich mit dem Fahrrad nach Starnitz; jene Strecke, die wir nun mit dem Auto gekommen waren. Meine Großmutter nahm es mit der Aufsichtspflicht bei den Hausaufgaben sehr genau. In jenen

Bild 32 - Dorfstraße in Starnitz (Starnice)

Jahren hielt ich mich am liebsten in der freien Natur auf. Ich streifte durchs Dorf, durch Wald und Feld, kannte jeden Winkel. Das wurde nach dem ersten Schultag erheblich eingeschränkt. Wenn ich aus der Schule zu Großmutter heim kam, stand das Essen bereits auf dem Tisch. Nach dem Essen wäre ich am liebsten gleich wieder raus gelaufen, wie es die anderen in meiner Klasse taten. Doch Oma bestand darauf, dass erst die Schulaufgaben zu machen seien. Mit dem Rechnen kam ich ganz gut klar. Auch das Abschreiben von Texten, war kein Problem.

Bild 33 - Wo jetzt die beiden kurzen Pfosten stehen, befand sich früher eine der Dorfpumpen für die Bevölkerung. Im Haus oben wohnte mein Freund Hermann Jannusch.

Aber das Lesen, das Lesen hatte es in sich. Wie oft konnte ich mit Tränen in den Augen die Buchstaben schon gar nicht mehr erkennen, stotterte irgend etwas daher und hörte Omas Stimme: „Noch mal!" Ohne meine Großmutter hätte ich wahrscheinlich nie lesen und schreiben gelernt. Sie las regelmäßig die einzige deutschsprachige Zeitung, die „Arbeiterstimme". Es war mir damals unbegreiflich, wie man die Zeit damit verplempern konnte, etwas zu lesen.

In meinem Geburtshaus gab es von der Straßenseite und von hinten einen Eingang. Meistens traten wir durch den Hintereingang ein und gelangten vom Flur in die geräumige Wohnküche, wo sich hauptsächlich das Leben abspielte. Dort schlief auch meine Großmutter und meistens auch Alfred. Im Zimmer, dass der Straße zugewendet war, schliefen Tante Grete und Bruno. Dort hatte man auch mein Bett aufgestellt.

Bild 34 - Uschi und Egon vor dem Haus, in dem sie zuletzt in Starnitz wohnten.

Die vorderen und hinteren Zimmer verband ein finsterer Gang durch die Räucherkammer. Ich erinnere mich, dass dort wirklich Schinken und Wurst geräuchert wurden. Entsprechend roch es. Die Wände waren unsagbar schwarz. Es gab kein Fenster. Tags über fiel ein fahles Licht durch den Schornstein, woran man sich orientieren konnte. Aber abends oder nachts, da rannte man sich schnell den Schädel ein. Es dauerte einige Zeit, bis ich diesen Gang unbeschadet mit geschlossenen Augen durchschreiten und wie ein Traumwandler todsicher meine Hand auf den unsichtbaren Türgriff legen konnte. Vorerst ertastete ich den Weg mit ausgestreckten Armen und stieß mir die Finger. Angst, durch diese Teufelshöhle zu gehen, hatte ich nicht. Aber es war halt kein Vergnügen mit einer Beule am Kopf heraus zu kommen.

Die linke Haushälfte (von der Dorfstraße gesehen) bewohnten wir nicht. Dort lagerten Looks und Kiewitz' ihr

Brennholz. Auch deren Lokus war dort.

In jenem Lokus rauchte ich meine erste Zigarette. Mein Freund Manfred und ein Junge aus einer höheren Schulklasse hatten mich „eingeladen". Ich war acht Jahre alt. Aus irgend welchen Gründen fielen die letzten Unterrichtsstunden aus. Der Schnee taute, überall Matsch.

„Machst du mit?", fragte Manfred.

„Wobei?"

„Ob du mitmachst?"

„Lass ihn, der macht doch nicht mit", mischte sich der andere Junge aus der höheren Klasse ein, an dessen Namen ich mich nicht mehr erinnere.

„Machst du nun mit oder nicht?", bohrte Manfred erneut.

„Ich muss doch wissen...", begann ich.

„Entweder du machst mit, oder nicht."

„Komm, das is'n Feigling", sagte der aus der höheren Klasse.

Das war gemein. Ich wollte kein Feigling sein und stimmte schließlich zu, ohne zu wissen, worum es ging. Manfred ließ mich daraufhin in seine hohle Hand blicken, die er halb aus der Hosentasche gezogen hatte. Schnell schob er sie wieder zurück. Nun kannte ich das Geheimnis seiner Hosentasche: Ein Packung Sport. Sport stand damals auf den Zigarettenschachteln. Den einzigen Zigaretten, die es gab. Lang und breit berieten wir, wo es geschehen sollte. Schließlich entschieden wir uns für das Klo in meinem Geburtshaus. Meine Großmutter und die übrigen Familienmitglieder benutzten es nicht. Wir hatten unseren eigenen Lokus hinter dem Schuppen. Das Plumpsklo im Haus wurde nur von Looks und Kiewitz' benutzt. Und die waren alle zur Arbeit. Dort wären wir also ungestört.

Das Loch in der hölzernen Sitzfläche wurde mit einem Deckel abgedeckt. Es war eng. Nur zwei konnten zur selben Zeit sitzen. Der dritte musste stehen. Manfred und der andere hatten schon Erfahrungen mit Zigaretten und kicherten, als ich nach dem ersten Zug einen Hustenanfall bekam. „Am Anfang darfst'e nich' so ziehn'", belehrten sie mich fachmännisch. Bei der dritten Zigarette hatten ich es dann raus und stieß den Rauch genüsslich durchs winzige Klofenster.

Die Packung Sport enthielt zehn Zigaretten, also für jeden drei. Wir rauchten eine nach der anderen. An der zehnten zog dann jeder mal, bis auch die nur noch Asche war. Oft hört man, dass Jungen in jenem Alter nach der ersten Zigarette übel werde. Mir wurde nicht übel, wirklich nicht.

„Und vergiss nicht, Schnee zu essen", ermahnten mich die beiden, als wir fertig waren.

Ich muss sie wohl fragend angeblickt haben, weil ich nicht kapierte, wozu das gut sein sollte.

„Sonst merkt deine Oma es doch gleich, der Rauch", sagte Manfred und wedelte mit der Hand vor dem geöffneten Mund. Na und, dachte ich, aß draußen aber gleich brav ein paar Hände Schnee.

Anschließend trennten wir uns. Ich ging um die Hausecke und betrat Großmutters warme Stube.

„Wo warst du!?", herrschte Tante Grete mich an. Der Ton gefiel mir nicht. Wieso war sie zu Hause? Sollte sie nicht auf dem Feld sein. Hinter der Tür erblickte ich Frau Look, die sollte doch eigentlich auch auf dem Feld sein. Was war hier los? Oma saß schweigend auf ihrem Stuhl am Tisch.

„Was hast du gemacht? Hauch mich mal an!", sagte Tante Grete streng.

„Wie viel Zigaretten hast du geraucht?"

„Drei", gestand ich verwirrt.

„Über die Bank, aber schnell!"

Und dann setzte es Stockhiebe von bester Qualität. Meine Großmutter hätte nie so heftig zugeschlagen und ich glaube, sie war es auch, die meiner Tante Grete Einhalt gebot. Der schien es eine wahre Freude zu sein, mich wimmern zu hören.

Was war geschehen? Auch Frau Look war früher vom Feld gekommen, weiß der Teufel warum. Sie hatte aufs Klo gewollt. Das war von innen verriegelt, sie hörte uns plaudern und roch den Rauch. Schnurstracks war sie ums

Bild 35 - Starnitz, ganz rechts das Wohnhaus meines Großvaters. Links, wo jetzt das neue Gebäude steht, befand sich mein Geburtshaus

Haus und hatte gerade meiner Großmutter und Tante Grete ihre Beobachtung erzählt, als ich eintraf.

Später erfuhr ich, dass Manfred nur mit einer Ohrfeige gestraft worden sei. Er hatte erzählt, dass er nur eine halbe Zigarette probiert habe. Nur ich hatte naiv drei Zigaretten gestanden.

Naiv hatte ich auch diese ersten Zigaretten geraucht. In der Familie rauchten nur Bruno und Alfred gelegentlich eine. Mir war nicht bewusst, dass nur Erwachsene rauchen durften. Nie zuvor hatte man mich entsprechend belehrt oder es gar verboten. Wahrscheinlich hielten mich, den Achtjährigen, alle für viel zu einfältig, trauten mir

eine derartige Tat nicht zu.
Zur Rechtfertigung bekam ich keine Chance. Ich hätte damals wahrscheinlich auch nicht gewusst, wie ich sie nutzen könnte. Denn die Erwachsenen hatten grundsätzlich recht. Es war nicht üblich, das in Frage zu stellen.

Auch Egon musste dies in seiner Jugend erfahren. Er hatte von der Pumpe Wasser in zwei Eimern geholt. Das mussten alle Dorfbewohner tun. Nur im Schloss gab es Wasserleitungen. Als er zum Haus kam, so berichtete Egon, habe Herr Harenburg dort gestanden und gesagt: „Da kommt der Übeltäter." Darauf erhielt Egon von Frau Voeste links und rechts eine schallende Ohrfeige. Er besaß die Berliner Frechheit zu fragen: „Warum?" Und zack, hatte er die nächste Ohrfeige sitzen.
So waren die Erziehungsmethoden damals in Starnitz. Während Egon die Strafe erhielt, lachten Bruno und Gersdorfs Klaus sich hinter den Linden ins Fäustchen. Sie hatten im leicht zugänglichen elektrischen Sicherungskasten die Sicherungen lose geschraubt und anschließend beschmiert. Die bräunliche Schmiere duftete nicht nur so, sie stammt auch aus dem Plumpsklo. Als Frau Voeste Heim kam und das elektrische Licht nicht funktionierte, holte sie Herrn Harenburg. Der griff im Dunkeln sogleich zur Sicherung und voll ins Übel.

Schade, dass das Haus (Bild 35, links) nicht mehr steht, in dem ich geboren wurde, in dem meine Großmutter mich lesen lehrte und wo ich die erste Zigarette rauchte. In jenes Gebäude wäre ich wirklich gerne gegangen. Dort wurden auch viele Hochzeiten gefeiert, zu denen das ganze Dorf kam.
Etwa auf gleicher Höhe, rechts von meinem Geburtshaus (Bild 35, ganz rechts), wohnte mein Großvater Franz Staubach mit seiner zweiten Frau, die alle Gerda nannten. Udo, ihr Sohn, war jünger als ich und offiziell mein On-

kel, ein großartiger Kumpel. Vor dem Haus meines Großvaters entstand wahrscheinlich das erste Foto von mir. Ich muss noch nicht ganz ein Jahr alt gewesen sein, aber ich erinnere mich noch genau an die Szene, als sei es gestern gewesen. Es war kalt und der Wind pfiff um die Häuser. Man hatte mich auf eine Decke gesetzt. Ich sollte still sitzen bleiben, begriff aber nicht weshalb und mochte dort nicht allein sitzen, während sich alle in einiger Entfernung aufstellten. Man legte einen kleinen Ball zwischen meine Beine. Den mochte ich auch nicht und stieß ihn immer wieder fort. - Entsprechend ist dann das Bild geworden, dass ich heute gerne auf meiner Internetsite zeige: www.reinhard-staubach.de

Es gab zwei Dorfpumpen, von denen die Starnitzer Dorfbevölkerung ihr Wasser holten. Die eine befand sich schräg gegenüber dem Haus, in dem einst Egon und Uschi wohnten (Bild 34). Von der Pumpe ist nichts mehr zu sehen. An ihrer Stelle stehen heute zwei Pfosten, an denen wohl mal das Gartentor eingehängt werden soll (Bild 33). Offenbar ist beabsichtigt, hier an der Dorfstraße einen Zaun zu ziehen, wie schon an anderen Stellen geschehen. Früher gab es nicht so großzügig eingezäunte Grundstücke. Eigentlich wurden nur die Gemüsegärten eingezäunt, damit sich die Hasen dort nicht bedienten. Zwischen den einzelnen Häusern gab es viel freien Raum, der für jeden zugänglich war.

An der Rückseite des Hauses (Bild 33), zu dem der Weg von der Pumpe hinauf führte, wohnte Hermann, mein anderer Freund. Hermann Jannusch und Manfred Look waren meine besten Freunde. Wir verbrachten viel Zeit miteinander.

Hermann hatte einen uralten Großvater. Wenn ich ihn sah, hatte ich immer das Gefühl, er sei der älteste Mensch der Welt. Einmal zeigte Hermann mir seine Kammer. Es war ein kühler, hellblau gestrichener Raum. An einer Wand stand ein riesiges, schwarz gestrichenes, hölzernes Kreuz gelehnt. „Der stirbt doch bald", sagte Hermann. Es war das Kreuz, welches an seinem Grab aufgestellt werden sollte. Ob der Großvater selber das Kreuz bestellt und bezahlt hatte?

Wir stiegen wieder in die Autos und fuhren in Richtung Philippinenhof. Am Binsenteich schauten wir uns kurz um. Der Teich ist fast völlig zugewachsen. Früher war es im Winter eine schöne Eisfläche. Dort lernte ich Schlittschuhlaufen. Anfangs besaß ich keine Schlittschuhe. Da glitt ich mit selbst gebauten „Schänchen" über die Eisfläche. Das waren hölzerne Kufen in Schuhgröße, für jeden Fuß eine. Oben schob man unter einem Lederriemen die Schuhspitze hindurch. Unten dienten je zwei dicke Drähte als Gleitschienen. So war jedes Schänchen ein kleiner Mini-Schlitten fürs Eis. Da die Schänchen nicht so fest wie Schlittschuhe am Fuß saßen, konnte niemand damit so elegant wie auf Schlittschuhen laufen. Ein Stock mit einem geköpften Nagel an der Spitze wurde ins Eis gestoßen. Daran stieß man sich zwischen den Beinen ab, zog ihn nach und stieß sich erneut ab. Geschickte Fahrer rasten auf diese Weise schneller als die Schlittschuhläufer über den Teich.

Als ich 1998 mit Ulla, Hilde und meiner Mutter an dieser Stelle parkte, kam ein Pole vor eines der Häuser und unterhielt sich freundlich mit den Damen. Das Haus war in miserablem Zustand, der Pole aber elegant gekleidet. Ich hatte den Eindruck, dass er der Jugendschwarm der mich begleitenden Damen war.

Auf dieser Reise entschlossen wir uns, nicht weiter in Richtung Philippinenhof zu fahren. Denn die Straße wird sandig, ein ausgefahrener Feldweg, wofür ein Jeep nötig wäre. Beim Blick in die Richtung stiegen neue Erinnerungen auf. Knapp einen Kilometer entfernt, am Waldrand, dort lag früher der Friedhof. Bei einer anderen Reise kämpfte ich mich auf dem Weg bis an jenen Ort vor. Doch vom Friedhof war nichts mehr zu sehen. Die Fläche war umgepflügt worden und lag brach. Auf jenem Friedhof wurden mein Großvater Joseph Marquardt und der schon erwähnte Anton Rauter begraben. Irgendwann im Leben sieht man den ersten Leichenzug. Für mich war das in Starnitz. Auf einem gewöhnlichen Leiterwagen, der zum Stroh- und Heueinfahren verwendet wurde, stand der schwarze Sarg. Der Wagen war mit Blumen geschmückt und wurde von zwei Pferden zum Friedhof hinaus gezogen. Schweigend und in Sonntagskleidung folgte das ganze Dorf. Ich war zu klein und durfte nicht hinterher rennen.

In der Nähe des Friedhofs wurde jedes Jahr quer über das Feld ein Pfad getrampelt. Jedes Jahr wurde das Feld umgepflügt und etwas anderes gesät oder gepflanzt, und jedes Jahr wurde der Weg neu getreten. Dieser Pfad war der kürzeste Weg nach Philippinenhof. Ich bin ihn oft gegangen. Das eine Mal links und rechts wogende Kornfelder, das andere Mal durch Zuckerrüben oder Kartoffeln. In Philippinenhof wurden nach dem Zweiten Weltkrieg ukrainische Bauern angesiedelt. Sie boten gute hausgemachte Butter an. Es gehörte zu meinen Aufgaben, jede Woche ein oder zwei Pfund zu holen. Das hing davon ab, ob auch noch ein Kuchen gebacken werden sollte.

Philippinenhof, eine Gruppe von vier oder fünf Bauernhäusern, liegt einsam zwischen Wiesen, Wald und Feld, abseits der Verkehrsstraßen. Jeder Bauer hatte mindestens einen großen, gefährlichen Hund. Wenn ich dort ankam, vergewisserte ich mich immer erst, ob die Hunde angeleint oder in der Scheune eingesperrt waren. Einmal hätte mich einer beinahe erwischt. Der Bauer konnte ihn gerade noch zurückpfeifen.

Vom Binsenteich fuhren wir wieder zurück ins Dorf. Links steht immer noch das Haus, in dem einst der Laden eingerichtet war. Außer Mehl, Salz, Zucker und ein paar Konserven gab es nichts. Ach ja, auch Alkohol konnte man dort kriegen. Und manchmal gab es Cukierek (Bonbon). Die weichen Karamellbonbons mit dem Abbild einer Kuh auf dem Papier mochte ich am liebsten.

Das Storchennest ist nicht mehr auf der knorrigen Eiche wie einst. Irgendwann nach unserer Aussiedlung wurde der Baum gefällt. Aber es gibt in der Nähe immer noch ein Storchennest, jetzt auf einem Telegrafenmast. Jedes Jahr, wenn die Störche aus Afrika eintrafen, bemühten sich die Starnitzer herauszufinden, wer sie zuerst gesehen hatte. Denn in jener Familie würde es Nachwuchs geben, so die Bauernregel.

Ich lernte den Spruch singen: „Klapperstorch du Luder, bring mir einen Bruder", falls ich mir einen Bruder wünschte. Oder: „Klapperstorch du Bester, bring mir eine Schwester", falls ich mir eine Schwester wünschte.

Wir hielten erneut in Starnitz, in der Nähe des ehemaligen Schafstalls. Auf den Stufen des Stalls sah ich in einem strengen Winter zum ersten Mal, wie frisches Brunnenwasser aus dem Eimer schwappte und auf der Stelle zu spiegelglattem Eis gefror.

Und an einem schönen Sommertag erlebte ich vor diesem Schafstall (Bild 36) mein erstes Konzert. Zigeuner waren ins Dorf gekommen. Vor dem Schafstall stellten sie sich im Kreis auf und spielten auf Violinen und anderen Streichinstrumenten. Es klang einzigartig und wunderschön. Doch der Konzertmeister schien mit einem Geiger nicht zufrieden zu sein. Er holte aus und schlug ihm mit dem Bogen auf den Kopf. Dann wurde erneut gespielt.

Es war auch das erste Mal, dass ich Zigeuner sah. Man

warnte mich eindringlich, die würden kleine Kinder verschleppen und überall stehlen, was sie kriegen könnten. Praktisch erlebte ich es dann nie, dass Zigeuner kleine Kinder mitgenommen hätten. Auch bekam ich nie einen Diebstahl mit, der von Zigeunern verübt worden war.

Vor dem Haus, in dem Ulla und Helmut vor ihrer Aussiedlung wohnten, machten wir ein Foto (Bild 39). Rechts

Bild 36 - Starnitz, links der ehemalige Schafstall.

daneben steht die Dorfschule (Bild 37). Dort wurde ich 1954 eingeschult. Meine ersten Unterrichtsstunden erhielt ich von Fräulein Gisela Gersdorf. Später unterrichtete mich Herr Rudolf Kropp. Und noch später bekamen wir eine Lehrerin mit einem Pagenkopf. An ihren Namen kann ich mich nicht mehr erinnern. Aber die Frisur war einzigartig. Die übrigen Frauen im Dorf trugen ihr Haar nicht so kurz.

Irgendwann hatten wir auch einmal eine polnische Lehrerin für den Polnischunterricht. Auch an ihren Namen kann ich mich nicht mehr erinnern. Im Nachhinein tut sie mir leid. Es war eine ältere Dame mit grauem Haar und recht zerbrechlicher Figur. Sie sprach nur polnisch mit uns. Dass sie wirklich kein deutsch verstand, mochten wir nicht glauben und vereitelten oft einen sinnvollen Unterricht, bis Herr Kropp böse ein Machtwort sprach. Einmal fragten sie uns auf polnisch, ob ihr jemand ein Ei mitbringen könne. Wir hatten die Frage alle verstanden, taten aber so, als ob wir nicht wüssten, worum es ging. Als Manfred ihr am nächsten Tag dann tatsächlich ein Ei mitbrachte, wurde er von den anderen Schülern geschmäht. Lange hielt jene Lehrerin es nicht an der Schule aus. Polnischunterricht wurde uns ab der zweiten Klasse erteilt.

Der übrige Unterricht verlief immer sehr diszipliniert und pädagogisch vorbildlich. Morgens, noch vor der ersten Stunden, stellten wir uns auf der Schultreppe auf (Bild 38) und schmetterten ein Lied. Oft stellten wir uns auch unter die riesige Linde vor dem Gebäude, die heute nicht mehr steht. Erst nach dem Lied begann der Unterricht. Nicht nur das Lesen, Schreiben und Rechnen wurde unterrichtet. Auch Erdkunde, Geschichte, Basteln und Handarbeit gab es. Mädchen als auch Jungen wurde beigebracht, wie ein Loch zu stopfen oder ein Knopf anzunähen war. Der Sportunterricht erschöpfte sich meist in Völkerball auf dem Schulhof. Das mochte ich nicht, dafür war ich nicht geschickt und nicht schnell genug. Ich war immer einer der ersten, der abgeschossen wurde. Auch beim Plumpsackspiel bekleckerte ich mich nicht mit Ruhm.

Im Schulgarten erhielt jeder Schüler ein Beet zugeteilt, worauf er sähen und pflegen konnte, was er mochte. Einmal hatte ich Mais rund um das Beet gesät. Eine grüne Wand sollte emporschießen. Aber der Mais ging nicht auf. Nur ein paar kümmerliche Spitzen zwängten sich mühsam aus dem Boden, Kolben bildeten sich keine.

An zwei Schulausflüge kann ich mich gut erinnern.

Einmal wanderten wir zur Starnitzer Mühle an der Schottow, das andere Mal zum Kriener See, wo wir badeten. In der Schottow konnte man es nicht lange aushalten, denn das fließende Wasser war lausig kalt. Im Kriener See war

Bild 37 - Die Schule in Starnitz

es angenehmer. Auch bei anderen Gelegenheiten badetet ich dort. Während einer Schulwanderung machten wir Rast auf einem Berggipfel, ich glaube, es war der Johnsken Berg. Dort vergruben wir eine Flaschenpost. Ob sie immer noch dort liegt?

Es gab auch schulische Feldeinsätze. Nachdem uns beigebracht worden war, wie Kartoffelkäfer aussahen, ging es zum Sammeln des Ungeziefers hinaus in die weiten Kartoffelfelder. Ich erwischte sogar ein oder zwei der Tierchen und zeigte sie stolz im zugeschraubten Marmeladenglas vor. Ein anderes Mal sammelten wir Lindenkörner oder Kartoffeln. Und in der Nähe des Kriener Sees pflanzten die Schüler winzige Kiefern.

Bei den Ausflügen und Feldeinsätzen sangen wir Lie-

Bild 38 - Schüler der deutschen Dorfschule in Starnitz. Das Foto wurde wahrscheinlich im Winter 1956/57 aufgenommen

der aus dem deutschen Volksliederschatz, die wir zuvor im Gesangsunterricht gelernt hatten: „Im Frühtau zu Berge wir gehn", „Das Wandern ist des Müllers Lust", „Hoch auf dem gelben Wagen", um einige zu nennen. Nur das Pommernlied lernte ich nicht in der Schule. Wahrscheinlich war es zu patriotisch und durfte nicht gesungen werden. Das Pommernlied lernte ich erst viele Jahre später kennen:

Pommernlied

Wenn in stiller Stunde Träume mich umwehn,
bringen frohe Kunde Geister ungesehn,
reden von dem Lande meiner Heimat mir,
hellem Meeresstrande, düsterm Waldrevier.

Weiße Segel fliegen auf der blauen See,
weiße Möwen wiegen sich in blauer Höh',
blaue Wälder krönen weißer Dünen Sand;
Pommerland, mein Sehnen ist dir zugewandt!

Aus der Ferne wendet sich zu dir mein Sinn,
aus der Ferne sendet trauten Gruß er hin;
traget, laue Winde, meinen Gruß und Sang,
wehet leis und linde treuer Liebe Klang!

Bist ja doch das eine auf der ganzen Welt,
bist ja mein, ich deine, treu dir zugesellt;
kannst ja doch von allen, die ich je gesehn,
mir allein gefallen, Pommerland, so schön!

Jetzt bin ich im Wandern, bin bald hier, bald dort,
doch aus allen andern treibt's mich immer fort:
Bis in dir ich wieder finde meine Ruh,
send ich meine Lieder dir, o Heimat, zu!

Text: Gustav Adolf Pompe, 1831-1889
Melodie: Karl Gross, 1789-1861

Meine Schulzeit in Starnitz war eine schöne Zeit. Auch meine Schwester Brigitte ging dort und in Bornzin zur Schule. Es gab immer bestimmte Schulklassen in Starnitz und andere in Bornzin.

Mein erstes Lesebuch, damals, in der ersten Klasse, war auch das erste Buch, das ich in die Hand bekam. Ein Buch im DIN A4 Format, quer, mit vielen bunten Bildern und Buchstaben. Die Buchstaben lernte ich schnell, dank meiner Großmutter.

Und dann geschah es im dritten Schuljahr, dass unsere Lehrerin, Fräulein Gersdorf, den Vorschlag machte, eine Leihbücherei in der Schule einzurichten. Etwas, wovon ich noch nie gehört hatte, eine Leihbücherei. Jeder sollte die Bücher, die er nicht mehr brauchte mitbringen, und so könnte sie dann jeder ausleihen. Ich wusste nur eins: Ich würde nie ein Buch ausleihen. Ich würde überhaupt nie eins in die Hand nehmen, wenn es nicht sein müsste. In jener kleinen Leihbücherei habe ich auch nie ein Buch ausgeliehen. Die Mädchen hingegen waren ganz begeistert von der Idee und beteiligten sich eifrig an dem Geschäft.

Erst mit zwölf oder dreizehn Jahren entdeckte ich die verborgenen Schätze in Büchern. Damals begann ich sogleich, mir Bücher aus der Glückstädter Leihbücherei zu holen. Und als Tante Wally, die Zwillingsschwester meines Vaters, mit ihrer Familie aus der Schweiz zu Besuch kam und mich fragte, was ich mir denn von ihr wünsche, brauchte ich nicht lange überlegen. Ich wünschte mir ein Buch von Karl May. Tante Wally kaufte gleich zehn Bände und schenkte sie mir. Ich mochte es gar nicht glauben, denn Karl-May-Bände waren damals, um 1960, unerschwinglich teuer. Jene zehn Bände bildeten den Grundstock meiner Privatbibliothek.

In jener Dorfschule in Starnitz verliebte ich mich das erste Mal. Mit sieben Jahren wusste ich noch gar nicht, wie man diesen Zustand nannte. Aber Vera war die, mit der ich nicht reden konnte wie mit den anderen Mädchen. Mein Herz pochte in ihrer Nähe anders und meine Worte wollten den Mund nicht verlassen. Sie kam aus Dübsow. Ihr blondes Haar war stets zu zwei sauberen Zöpfen geflochten. Ihre helle Gesichtshaut und die blauen Augen empfand ich besonders sauber und schön. Aber am meisten beeindruckte mich ihre Anmut. Auch dieses Wort kannte ich damals noch nicht. Aber genau das war es, was mich faszinierte: ihre gepflegte, ruhige, unaufdringliche Schönheit. Ich gab mir große Mühe, meine Gefühle zu verbergen. Doch meine Kumpels müssen etwas gemerkt haben und frotzelten: „Aha, die Vera, die ist die richtige für dich." Ob Vera je etwas von meinen Gefühlen bemerkte, weiß ich nicht. Sie ließ sich nichts anmerken. -

Bild 39 - Helmut und Ulla wohnten links von der Schule in diesem Gebäude unter dem Dach.

Sich heimlich zu treffen oder gar händchenhaltend durchs Dorf zu schlendern, dass war damals jenseits jeder Vorstellungskraft.

Als ich mit meiner Familie 1958 aus dem Lager Friedland zu meinen Großeltern in Niedersachsen unterwegs war, hielt der Zug in Bremen. Wir waren noch nicht am Reiseziel und blieben sitzen. Dann fuhr der Zug wieder an und hatte schon recht an Fahrt gewonnen, als ich Vera auf dem Bahnsteig sah. Ich sah sie nur den Bruchteil einer Sekunde am fahrenden Zug vorüber huschen. Aber vielleicht war es auch nur eine Halluzination oder ein Mädchen, das Vera ähnlich sah.

Nachdem meine Eltern sich gefunden hatten, wohnten sie oben im Schulgebäude. Dort kam meine Schwester Brigitte zur Welt. An jene Wohnung erinnere ich mich nicht mehr. Aber bevor wir nach Raths-

Bild 40 - Edith, geborene Kramp, wohnte rechts von der Schule in diesem Haus.

damnitz zogen, wohnten wir im ehemaligen Schweizerhaus, östlich vom Gutshof. Hinter dem Haus waren viele Landmaschinen abgestellt, Eggen, Pflüge, Grubber, Kartoffelerntemaschinen und mehr. Das meiste war defekt und wurde nicht mehr benutzt. Dort spielte ich als kleiner Junge gerne. Einmal hatte ich auf dem Rad eines umgekippten Wagens ein herrliches Karussell eingerichtet.

Gegenüber der Schule führt die Straße hinunter zum

Gutshof und zum Schloss (Bild 41). Auf dem Weg hielt ich kurz und fotografiere die Schmiede (Bild 42), in der mein Großvater Franz Staubach als Schmiedemeister arbeitete zusammen mit Waldemar Schönhoff. Das Gebäude stand nun verlassen dort, wie tot. In meiner Kindheit klang aus der Schiede meist Hämmern und Zischen. Ganz hinten im Gebäude glimmte stets ein geheimnisvolles Feuer. Vor der Schmiede standen immer Feldmaschinen und Wagen, an denen repariert wurde. Auch Pferde beschlug mein Großvater dort. Vor Jahren schenkte mein Vater mir einmal eine Axt mit den Worten: „Die ist noch von Opa, handgeschmiedet."

Vor dem Gutsspeicher rechts vorm Schloss (Bild 43) parkten wir. Dort ist auch der Apfelkeller, in den Ulla einst zur Zeit der russischen Besatzung gesperrt wurde. Ein finsteres Loch, dass nun nicht mehr genutzt wird und voll Wasser gelaufen ist. Ulla berichtete, dass sie dort drei Tage und drei Nächte eingesperrt war wegen eines Zentners Roggen. Tatsächlich habe sie aber den Ärmel voll Korn gehabt. „Alle hatten etwas im Ärmel. Aber mich haben sie erwischt." Und dann berichtet Ulla, wie ein russischer Wachsoldat sie zum Verhör geholt habe. Er habe ihr ein gutes Essen angeboten. Doch Ulla war die Sache nicht geheuer. Sie wollte lieber zurück ins Gefängnis. Dort saß sie nicht allein. Eine andere Frau wurde zum Verhör geholt. Jene blieb länger weg. Offenbar war sie dem Russen willfähriger. Auch Hilde wurde kurz in den Apfelkeller gesperrt, weil sie Ulla Essen gebracht hatte.

Als kleiner Junge durfte ich nicht immer zum Kino ins Starnitzer Schloss. Die Filme seinen für Kinder verboten, sagte Tante Grete. Ein paar mal bin ich aber doch dort zur Filmvorführung gewesen. Der „Kinofritze" kam mit dem Film und einem Filmprojektor aus Rathsdamnitz. Meist wurde er von den Starnitzern geholt.

Dann versammelten sich alle im großen Saal.

An eine Filmszene kann ich mich noch gut erinnern. Es war ein Kriegsfilm. Die Handlungen spielten auf hoher See. Kriegsschiffe beschossen sich. Ein großes Schiff wurde versenkt, aber viele Matrosen konnten rechtzeitig in Rettungsboote springen. Sie ruderten zum feindlichen Schiff hinüber und baten um Aufnahme. Der Kapitän ließ

Bild 41 - Die Straße zum Starnitzer Schloss

keine Strickleiter hinunter, niemand durfte an Bord kommen. Die Matrosen trieben in ihren kleinen Rettungsbooten auf die offene See hinaus.

Nach dem Kino ging es auf der dunklen Dorfstraße heim. Starnitz hatte damals noch keine Straßenlaternen. Zu Hause hatte meine Großmutter dann meist einen großen Topf Klimpern auf dem Herd, über den wir uns her machten. Manchmal standen die Klimpern auch schon in der großen weißen Porzellanterrine auf dem Tisch. Einen

Teller Klimpern vor dem Schlafengehen, es gibt kein besseres Nachtmahl. Ich wurde stets ermahnt, nicht zu viel Zucker hinein zu streuen. Aber ohne Zucker waren sie ungenießbar.

Das Klimpern-Rezept meiner Großmutter

Mehl mit einer Prise Salz und ein wenig Wasser mischen bis es krümelig wird.
Milch aufkochen und bei ständigem Rühren die Krümel nacheinander einstreuen. Die Milch kurz aufkochen lassen.
In Teller portionieren und mit Zucker süßen.

Im Sommer ging ich oft Sauerampfer auf den Wiesen sammeln. Meine Großmutter bereitete daraus eine herrliche Suppe, die auch kalt schmeckte.

Häufig aßen wir in der Wohnküche meiner Großmutter Stampfkartoffeln. Heute sagt man Kartoffelpüree. Die Stampfkartoffeln wurden aus frischen Salzkartoffeln zubereitet und in einer großen Schale auf den Tisch gestellt. Mit einem Löffel drückte meine Großmutter Löcher in den Stampfkartoffelberg. Dann goss sie ausgelassenes Fett über den Berg, welches sich in den Löchern fing. Zusätzlich wurde der Kartoffelberg mit Krischeln belegt. Krischel waren kleine, gebratene Schweinebauchscheiben. Vor jeden stellte sie einen tiefen Teller mit warmer Fruchtsuppe. Meistens war die Suppe aus Kirschen, Pflaumen oder Stachelbeeren zubereitet. So löffelte jeder von dem gemeinsamen Stampfkartoffelberg und aus seinem Suppenteller. Die Krischel durften nicht einfach oben abgesammelt werden. Jeder musste sich zu ihnen vorarbeiten, dass heißt, zuvor die Stampfkartoffeln wegessen. Tante Grete wachte streng darüber, das Bruno und Alfred sich an diese Hausordnung hielten. Wenn für die Krischel frisches Fleisch verwendet worden war, mochte ich sie sehr gerne. Doch viel zu oft wurden geräucherte Speckseiten verwendet, dann überließ ich schon mal jemand anderem das erarbeitete Krischelstück.

Bild 42 - Die Starnitzer Schmiede, in der mein Großvater, Franz Staubach, als Schmiedemeister arbeitete.

Die aufgezählten Gerichte gab es auch bei meiner Mutter. Doch meine Mutter kannte noch andere Rezepte aus ihrer Hausmädchenzeit in Braunsberg. Sie experimentierte gerne und kochte, briet und schmorte etwas Neues. Sonntags stand oft ein knuspriges Hähnchen oder panierte Karbonade auf dem Tisch.

Zum Nachmittagskaffee aß mein Vater am liebsten hausgebackenen Streuselkuchen, so wie seine Mutter ihn gemacht hatte. Ich mochte eigentlich nur die Streusel und noch viel lieber Buttertorte. Doch meinem Vater zu liebe buk meine Mutter meistens Streuselkuchen. Das wir Kuchen beim Bäcker kaufen gingen, kam in meiner Kindheit nicht vor.

Wir betraten das Schloss (Bild 43) über den Seiteneingang links. Wie schon bei früheren Besuchen trafen wir Helga an. Sie hatte nach dem Krieg den Buchhalter geheiratet und ist in Starnitz geblieben. Der Buchhalter ist vor Jahren gestorben. Helga wohnt allein in einer kleinen Wohnung im ersten Stock des Schlosses, die Fenster zur Front über dem Haupteingang. Wir wurden freudig begrüßt und passten gerade mal so ins nobel eingerichtete Wohnzimmer. Helga berichtete, dass es ihr gut gehe. Allerdings sei sie immer noch Deutsche und werde manchmal von polnischen Bürgern beleidigend behandelt.

Wie wir draußen sahen, ist der ganze Gutshof mit allen Speichern und Ställen heruntergewirtschaftet. Die Gebäude stehen leer oder werden zweckentfremdet genutzt. Überall meterhoch Unkraut. Nach 1945 wurde fast nichts erneuert oder repariert, außer der Fassade des Schlosses. Die hat neue Farbe erhalten. Allerdings wirkt der teilweise zugemauerte Haupteingang verboten.

Helga berichtete, dass man den Gutshof restaurieren wolle. Auch der bereits abgerissene Pferdestall solle wieder aufgebaut werden. Doch wann das geschehen werde, wisse niemand.

Wir fragten, ob der Schatz der Gottbergs inzwischen gefunden wurde. Sie zuckt die Schultern: „Der soll ja im Blumenrondell vor dem Schloss vergraben sein." Diese Variante war meinen Mitreisenden neu. Aber die Idee ist nicht schlecht. Wer auch immer dort nachgräbt, könnte es nicht verbergen.

Um den ehemaligen Gutsherren ranken sich seltsame Geschichten. Helmut, der alte Starnitzer, kennt die besten.

Der alte Gottberg habe den Kutschern verboten gehabt, in voller Fahrt die Zufahrt zum Schloss hinunter zu preschen. Daran hielten sich die Knechte, weil niemand wusste, ob der Alte hinter einem der Schlossfenster stand. Doch eines Tages soll der Gutsherr nach Stolp gefahren sein. Alle wussten, dass er weg war und bis zu seiner Rückkehr noch viel Zeit verstreichen würde. Ein Kutscher machte sich den Spaß und trieb die Pferde zum Galopp an. Als er sich dem Schloss näherte, hätte dort drohend der alte von Gottberg gestanden, obwohl er nachweislich zu selben Zeit in Stolp war.

Bild 43 - Das Starnitzer Schloss

Dem Herrn von Gottberg wurden auch übermenschliche Fähigkeiten nachgesagt. Er soll Freimaurer gewesen sein. Und bei denen wisse man ja nie so genau.

Einmal hätte sich ein schwarzer Hund im Kuhstall herumgetrieben. Ein Arbeiter hätte mit einem Knüppel auf das Tier eingeschlagen, um es zu verscheuchen. Jaulend, und am Kopf getroffen, sei der Hund verschwunden. Tags darauf wäre der alte Herr von Gottberg mit einem Kopfverband erschienen. Da sei das Gerücht aufgekommen, dass er sich in einen Hund verwandeln könne.

Am Weg nach Petersberg stand einst die Kapelle der Herrschaft. Schon vor Jahren rissen die Polen sie nieder. Aber die Bäume stehen noch, die um das Gebäude gepflanzt wurden. Dort habe man eines nachts die Kutsche der Gottbergs von Petersberg herunter kommen gesehen, lautlos und in der Luft schwebend.

Als kleinem Jungen sagten mir die Leute, dass es in der Kapelle spuke und ich dort nicht hingehen solle. Einmal konnte ich nicht widerstehen. Das Gebäude war ge-

Bild 44 - Hier wohnte Familie Tuschy

wölbt und hoch, die Fenster eingeschlagen, die Tür stand offen. Innen war es schmutzig. Bei jedem Schritt wirbelte Staub auf. Zertrümmerte Särge, Stofffetzen und einige blanke Knochen lagen umher. Ich glaube, ich bekam eine Gänsehaut. Der Ort war mir nicht geheuer.

Vom Schloss kommend schaute ich zum Schmiedeteich hinüber. Er ist völlig zugewachsen und versandet. Dort tummelten sich früher immer Enten. Im Winter fror der Teich zu. In den Schulpausen konnten wir nicht früh genug ausprobieren, ob das Eis hielt. Dort bin ich dann das erste Mal eingebrochen. Bis zum Hals steckte ich im Wasser und robbte, immer neue Schollen abbrechend, ans Ufer. Gänzlich durchnässt und frierend tappte ich zu Ulla, die ja gleich neben der Schule wohnte. Ich erhielt neue Kleidung und marschierte anschließend wieder zur Schule. Dort durfte ich mir eine Standpauke anhören, zu Hause später die zweite.

Gleich hinter der Schule steht an der Dorfstraße das Haus, in dem Edith aufwuchs. Die Familie bewohnte die der Straßenseite zugewandte Haushälfte

Bild 45 - Hildegard und Edward Pieczora begrüßten uns herzlich in Bornzin (Borzęcino).

(Bild 40). Das Gebäude macht einen gepflegten Eindruck. Den Windfang vor dem Eingang gab es früher nicht.

Ein Stück weiter, unten an der Kurve nach Bornzin, wohnten Tuschys (Bild 44). Dort lebte vor seiner Heirat mit Ulla auch Helmut.

Von Starnitz fuhren wir nach Bornzin (Borzęcino). Wir hatten Glück, Edward und Hildegard Pieczora, die einst aus Schlesien kamen, waren zu Hause. Herzlich, wie alte Freunde wurden wir begrüßt (Bild 45) und hereingebeten. Das Wetter war sonnig, wir saßen im Garten (Bild 46) und wärmten die guten alten Zeiten auf.

Bei Edward und Hildegard wohnten wir 1989 während unserer ersten Reise in die alte Heimat. Damals war Ed-

Bild 46 - Bei Hildegard und Edward im Garten

ward noch der verantwortliche Brenner in der Bornziner Brennerei. Wir waren wunderbar im Brennereigebäude untergebracht und wurden vorzüglich von Hildegard verpflegt.

Ich bewunderte, wie gepflegt Hildegard gleich nach dem Klingeln aus dem Haus kam. Nach unserem ersten Besuch 1989 waren wir nun schon mehrmals unangemeldet aufgetaucht. Jedes Mal erschien sie mit einer Frisur, als sei sie gerade erst vom Friseur gekommen, geschminkt und wie zum Ausgehen gekleidet. Das ist nicht selbstverständlich in einem kleinen Dorf in Hinterpommern.

Müde erreichten wir abends wieder unser Ferienhaus. Unterwegs kauften wir an der Straße für 8,00 Zł einen Korb Erdbeeren, den wir genüsslich nach dem Abendessen verspeisten. Aber es wollte noch niemand zu Bett geben. Bis nach Mitternacht diskutierten wir die Ereignisse nach 1945 in Pommern.

Am 7. März 1945 gab der Ortsführer Harenburg in Starnitz den Treckbefehl, und am folgenden Tage brach die Gemeinde zur Flucht auf. Die Granateinschläge waren schon in nächster Nähe zu hören. Weit kam der Treck nicht. Er wurde von der russischen Armee überrollt, und die Leute aufgefordert, nach Hause zurück zu kehren. Egon nahm an jenem Treck teil und berichtete, dass die Russen Herrn Harenburg an Ort und Stelle erschießen wollten. Er trug seine grüne Försteruniform und wurde für einen Militärangehörigen gehalten. Erst der beherzte Einsatz einiger Frauen rettete ihm das Leben.

Mitte 1946 kamen die Polen nach Starnitz und drangsalierten die Deutschen. Anfangs wollte sie die Deutschen loswerden. Später durften sie das Land nicht verlassen, weil man ihre Arbeitskraft schätzte.

Kaschubei (Kaszubskie)

Am Mittwoch stand uns der Sinn nach Entspannung und Erholung. Wir machten deshalb keine große Reise, sondern fuhren an einen See in der Nähe und anschließend nach Karthaus (Kartuzy).

Bild 47 - Unser „private" Badestrand in der Nähe von Karthaus in der Kaschubei

Es war mühsam, einen geeigneten Strand am See zu finden. Denn um die meisten Gewässer steht hohes Gras oder Schilf. In eine Badeanstalt wollte niemand. Erst nach mehreren Anläufen und Brunos hartnäckigem Nachfragen, fanden wir unseren kleinen Privatstrand (Bild 47).

Erich, Bruno und Brigitte hielt nichts mehr. Sie schwammen im klaren aber kühlen Nass (Bild 48). Die anderen tappten nur Knöcheltief am mit Muscheln übersäten Ufer. Es war herrlich und erfrischend.

Bild 48 - Erich, Brigitte und Bruno schwammen ein paar Runden im glasklaren Seewasser

Zum Mittagessen saßen wir in einem Restaurant in Karthaus. Ich beobachtete wie draußen Schüler und Schülerinnen mit DIN A4 großen Mappen fröhlich und festlich gekleidet durch die Stadt schlenderten. Sie hatten den letzten Schultag vor den Sommerferien hinter sich und trugen ihre Schulzeugnisse heim. Beim genauen Hinsehen erkannte ich, dass die polnischen Schulzeugnisse optisch immer noch so aussehen, wie ich sie einst auch in Starnitz erhalten hatte.

Ich habe meine Schulzeugnisse aus jener Zeit noch. Sie sind zweisprachig, in polnisch und in deutsch. Die beiden ersten Zeugnisse sind von G. Gersdorf und R. Harenburg unterschrieben. Bei Rosemarie Harenburg, der Schulleiterin, hatte ich nie Unterricht. Das dritte Schulzeugnis trägt sowohl als Lehrer, als auch als Direktor die Unterschrift Kropp. Die Benotung ist in Worten ausgeschrieben: bardzo dobry (sehr gut), dobry (gut), dostateczny (ausreichend) und niedostateczny (nicht ausreichend). In Ziffern lautete die beste Note „5". Die schlechteste war die „2".

Karthaus ist eine gemütlich Kleinstadt. Entfernt verwandte Vorfahren von mir stammen aus Karthaus. Die Stadt ist gleichzeitig das Zentrum der Kaschuben, einer westslawischen Bevölkerungsgruppe. In seinem Roman „Die Blechtrommel" lässt Günter Grass Oma Koljaczek sagen, dass die Kaschuben den Deutschen nicht deutsch genug und den Polen nicht polnisch genug waren. Das mag wohl stimmen, denn die Volksgruppe hat sich über die Kriege hinaus erhalten und pflegt ihre Sprache und Kultur. Bei mir zu Hause steht ein kleiner, handgefertigter Kerzenhalter aus Ton, der in der Kaschubei nach alter Tradition bemalt und gebrannt wurde.

Die kaschubische Schweiz ist ein wunderschönes Land. Große Bäume stehen links und rechts der Alleen, die sich auf und ab durch die Hügel winden. Wald, Feld und Wiesen wechseln schnell, dazwischen immer wieder der Blick auf saubere Seen.

Abends fuhren Brigitte und ich noch mal schnell nach Danzig zum Supermarkt, um ein paar Dinge zu besorgen. Auf dem Rückweg kauften wir von einem etwa Zehnjährigen für 20,00 Zł (ca. EUR 5,30) zwei Gläser (ca. 1 kg) frisch gepflückter Blaubeeren aus dem Wald. Der Kleine redete mächtig auf uns ein, nachdem wir seine Ware begutachtet hatten und Anstalten machten, auch die Blaubeeren des nebendran stehenden Händlers anzusehen. Wir nahmen die Beeren des Kleinen. Er freute sich riesig, wie sich nur Kinder freuen können und blickte mit blanken Augen zu seinem Vater, der den Handel grinsend aus dem Auto beobachtet hatte.

Mit Vanilleeis erwiesen sich die Blaubeeren als Delikatesse nach dem Abendessen. Auch ich bin als kleiner Junge oft im pommerschen Wald Blaubeeren pflücken gegangen. Doch ich gebe zu, meine Ausbeute war nicht so erfolgreich als die meiner Schwester Brigitte oder gar meiner Mutter. Marieanne war noch zu klein zum Blaubeeren sammeln und beschmierte sich nur das ganze Gesicht mit den zerquetschten Früchten. Die Dinger waren mir einfach zu klein. Es dauerte ewig, bis die Kanne voll war. Da lief ich lieber stundenlang durch den Wald und sammelte Pilze. Mein Vater lehrte mich, die wenigen guten von den vielen giftigen zu unterscheiden. Wir sammelten Pfifferlinge, Steinpilze, Butter- und Maronenpilze. Auf der Wiese in der Nähe der Gottbergschen Kapelle fand ich auch viele Wiesenchampignons.

Am Kriener See

Donnerstag, 20. Juni 2002. Auf dem Weg nach Stolp bogen wir vor Rathsdamnitz links ab und fuhren durch den Wald zum großen Kriener See. Schon bei unserer ersten Reise nach Pommern, im Jahre 1989, hatten wir über die neu erbaute Ferienanlage am Kriener

Bild 49 - Die Chaussee nach Rathsdamnitz, von Muttrin kommend. Rechts geht es ab nach Starnitz, links zum Kriener See.

See gestaut. In meiner Kindheit stand dort kein einziges Haus, nur Wiese und Wald umgab den See, wo wir baden gingen. Auch jetzt kann man dort immer noch baden. Das Wasser ist klar, der See ruhig und schön.

Ich machte ein Foto von jener Stelle (Bild 50), von der Erich damals auf den zugefrorenen See geradelt kam, um die Botschaft zu bringen, dass unsere Ausreisepapiere eingetroffen waren. Auf dieser Seefläche angelten wir im Winter immer.

Links in der Bucht am Ufer wurde meine Schwester Brigitte getauft. Ein Bruder Ranglack aus Berlin hatte uns damals in Rathsdamnitz besucht. Er hatte Vollmacht zu taufen, es muss 1957 gewesen sein. Meine Eltern und ich wurden 1955 in einem Masurischen See in der Nähe von

Bild 50 - Der Kriener See. Hier angelte mein Vater mit mir auf der zugefrorenen Seefläche, in die kleine Löcher geschlagen wurden.

Selbongen (Lubiewo) getauft. Dort gab es damals noch die einzige Gemeinde der *Kirche Jesu Christi der Heiligen der Letzten Tage*. Vor dem Zweiten Weltkrieg war die Kirche in Pommern und Ostpreußen sehr stark vertreten. Äußerst argwöhnisch beobachteten die polnischen Behörden die Kirchenmitglieder und ihre Gottesdienste. 1984 schrieb mein Vater auf, wie wir zur Kirche kamen und somit religiös aus der Verwandtschaft von Katholiken und Protestanten ausscherten. Ich füge seine Aufzeichnungen hier ein:

»*Im Januar des Jahres 1955 wurden wir von Mitgliedern der Glaubensgemeinschaft der Zeugen Jehovas regelmäßig besucht und belehrt. Wir wohnten damals in dem unter polnischer Verwaltung stehenden Teil Pom-*

merns in der Nähe von Slupsk, früher Stolp. Da wir für Religion aufgeschlossen waren, interessierten wir uns sehr für die Lehren der Zeugen Jehovas. Ja wir fingen an zu glauben, dass sie das wahre Evangelium Jesu Christi lehrten. Doch es sollte nicht dazu kommen, dass wir uns dieser Glaubensgemeinschaft anschlossen. Die Lebensbedingungen waren 1955 in Polen noch sehr durch Not und Elend gekennzeichnet. Ich arbeitete zwar als Müller in meinem erlernten Beruf in der einzigen Mühle weit und breit und war deshalb recht bekannt, hatte aber doch Mühe, den notwendigen Lebensunterhalt zusammenzubekommen. Lebensmittel und Textilien gab es nur in begrenzter Menge, und ein Verkaufskomitee bestimmte, wer etwas bekam. Ohne Beziehungen lief da wenig. Meistens sah es so aus, dass die Deutschen leer ausgingen. Eines Tages waren meine Frau und ihre Nichte im Geschäft, als der Leiter des Verkaufskomitees mitteilte, es seien Gummistiefel eingetroffen. Er nannte auch gleich zwei Namen von Leuten, die je ein Paar erhalten sollten und fügte dann hinzu: „Frau Staubach bekommt auch ein Paar." Freudestrahlend kam meine Frau nach Hause und stellte dort bei der Anprobe fest, dass der eine Stiefel so drückte, dass es unmöglich war, darin zu laufen. Die Familie Porozynski hatte ebenfalls ein Paar Gummistiefel bekommen. In der Hoffnung, dort vielleicht den drückenden gegen einen passenden Stiefel tauschen zu können, suchte meine Frau die uns völlig unbekannten Porozynskis auf. Doch die Stiefel passten auch nicht, und so wurde nichts aus dem Tausch. Dafür lernte meine Frau eine sehr freundliche und aufgeschlossene Familie kennen. Nach diesem Besuch folgte eine Einladung, die wir sehr gerne annahmen. Aus dieser Bekanntschaft wurde eine Freundschaft, und wir hörten zum ersten Mal in unserem Leben etwas von den Mormonen. Es war etwas neues für uns, und unser Interesse wuchs von Tag zu Tag. Da es nur ein Exemplar des Buches Mormon gab, wurde es gemeinsam gelesen. Wir besuchten uns gegenseitig zwei bis dreimal die Woche. Langsam begriffen wir etwas vom wiederhergestellten Evangelium, wir begannen zu glauben. Porozynskis Aufgeschlossenheit und ihre Liebe, die sie uns entgegenbrachten, machten auf uns einen sehr großen Eindruck.

Da waren auch noch die Zeugen Jehovas. Sie besuchten uns auch immer noch regelmäßig. Wir wussten nicht, wer Recht hatte und wurden hin- und hergerissen. Trotz Studieren und Beten konnten wir uns nicht entscheiden.

Eines Tages fassten wir den Entschluss, Porozynskis und die Zeugen Jehovas gleichzeitig zu uns einzuladen. Beide kamen. Wir stellten einige Fragen wie zum Beispiel: Wie sieht der Erlösungsplan im Einzelnen aus? Wer ist Jehova? Spricht Gott heute noch zu den Menschen? Zu wem?

An jenem Tag fiel die Entscheidung. Wir hörten zu, was ein jeder zu sagen hatte und bekamen das sichere Gefühl, dass, wenn es eine wahre Kirche gäbe, es nur die Kirche Jesu Christi der Heiligen der Letzten Tage sein könne. Unsere Verbindung zu den Zeugen Jehovas brachen wir daraufhin ab.

Fleißig wurde weiter im Buch Mormon gelesen. Die Schriftstellen im 1. Nephi 22, Vers 25 fanden wir auf uns zutreffend: „Und er sammelt seine Kinder von den vier Enden der Erde; und er zählt seine Schafe, und sie kennen ihn; und es wird eine Herde sein und ein Hirte; und er wird seine Schafe weiden, und in ihm werden sie ihren Weidegrund finden." Wir trafen uns weiter regelmäßig mit der Familie Porozynski und studierten gemeinsam in den heiligen Schriften. Da es in unserer Umgebung keine Gemeinde der Kirche gab, versammelten wir uns jeden Sonntag und hielten eine Heimsonntagsschule ab. Die nächste Gemeinde war in Selbongen (Ostpreußen) und zirka dreihundert Kilometer von uns entfernt.

Im Juli 1955 war es dann soweit, alle Vorbereitungen waren getroffen, meine Frau und unser Sohn fuhren nach Selbongen und wurden getauft. Ich selber bin einen Monat später gefahren und wurde im 21. August 1955 in Selbongen getauft.

Die Religionsfreiheit war in Polen sehr begrenzt. Jeder, der nicht katholisch oder evangelisch war, war den Parteigenossen ein Dorn im Auge. Besonders schwer hatten es die Zeugen Jehovas; ihre Lehre war verboten und sie wurden auch verfolgt. Auch wir durften uns nicht offiziell versammeln. Die Kirche wurde zwar geduldet, war aber nicht anerkannt. Wenn ich mit meiner Frau und unseren drei Kindern die Familie Porozynski besuchte, um gemeinsam in der Schrift zu studieren, gingen wir mit einem zeitlichen Abstand nur zu zweit oder dritt dorthin, um Aufsehen zu vermeiden.

Nachdem wir fünf Monate Mitglied der Kirche waren, hatte man uns besonders unter Beobachtung. Eines Tages wurde in meinem Betrieb angerufen, ich solle zur Polizeiwache kommen. Zwei Beamte in Zivil empfingen mich dort. Es wurden Fragen über Fragen gestellt, die am Ende darauf hinausliefen, welcher Glaubensgemeinschaft ich angehörte. Meine ganze Lebenseinstellung, meine Freizeit, Bekannte, Verwandte - alles interessierte sie. Es wurde mir bei dem Verhör klar, dass jedes Wort, das ich sagte, genau überlegt sein musste. Um die Sache kurz zu machen, ich spürte deutlich, dass der Herr mit mir war und dass nicht alles, was ich sagte, meine eigenen Worte waren. Als ich in diesem kalten ungeheizten Zimmer sitzen musste, kam mir die Schriftstelle in den Sinn, die wir in Lukas 12, Vers 11 bis 12 lesen: „Wenn man euch vor die Gerichte der Synagogen und vor die Herrscher und Machthaber schleppt, dann macht euch keine Sorgen, wie ihr euch verteidigen oder was ihr sagen sollt. Denn der Heilige Geist wird euch in der gleichen Stunde eingeben, was ihr sagen müsst." Es war ein Gefühl in meinem Herzen, wie ich es selten gehabt habe. Ich habe bei dieser Vernehmung mein Zeugnis geben können; die beiden Beamten haben sich nur angeschaut, keiner sagte ein Wort dazu.

Ein riesiges Protokoll wurde in polnisch geschrieben, welches ich unterschreiben sollte. Ich sagte, dass ich nicht unterschreiben würde, was ich nicht lesen könne. Nach langem hin und her sagte man mir, dass das Protokoll in deutsch übersetzt und mir erneut zur Unterschrift vorgelegt werden würde, was dann auch nach etwa vierzehn Tagen geschah. Die ganze Vernehmung hatte fünf Stunden gedauert. Meine Familie, die davon inzwischen auf

Umwegen erfahren hatte, war schon in Sorge. Doch alles ging gut. Ich möchte abschließend bezeugen, dass ich weiß, dass der Herr lebt, und dass er Gebete erhört.«

Soweit die Aufzeichnungen meines Vater Heinz Staubach. Als wir wieder durch Rathsdamnitz fuhren schaute ich zu jenem Gebäude hinüber, in dem auch heute noch die Polizeiwache ist. Ganz schwach erinnere ich mich, wie aufgeregt meine Mutter war, als mein Vater damals stundenlang verhört wurde.

Stolpmünde (Ustka)

Das Wetter wurde am Donnerstag zunehmend grauer und regnerischer. In Stolp regnete es dann heftig. Wir beschlossen, nicht wie geplant auszusteigen, sondern gleich nach Stolpmünde (Ustka) durchzufahren. Vielleicht regnete es dort ja nicht.

Aber auch in Stolpmünde war der Himmel verhangen und Regenschauer peitschten zeitweise über die wunderschöne Promenade. Ein Wikingerschiff (Bild 51) erblick-

Bild 51 - Ein „Wickinger" nähert sich Stolpmünde.

ten wir auf der See. Das Schiff war eine Touristenattraktion. Auch an diesem Tag fuhr es kaum besetzt immer wieder hinaus, drehte eine Runde und kam zurück. Es legte gegenüber dem alten Leuchtturm (Bild 53) an. Sonst lag der Hafen still in der feuchten Luft.

Auf die Promenade (Bild 52) trauten sich nur einige Besucher zwischen den Regenschauern. An den Strand ging niemand. Schon in meiner Kindheit hatte ich den herrlich feinen Sandstrand kennen gelernt.

Jemand hatte damals in Starnitz einen Trecker (Traktor) gechartert und einen Anhänger drangehängt. Auf den Anhänger waren Bänke und Stühle gestellt. So

Bild 52 - Die Strandpromenade in Stolpmünde (Ustka)

fuhren wir von Starnitz nach Stolpmünde. Die Reise dauerte ewig. So entstand bei mir der Eindruck, dass Stolpmünde und die Ostsee unheimlich weit von meinem Geburtsort entfernt waren. Erst bei unserer ersten Reise nach Polen (1989) wurde mir klar, dass ich ganz nahe an der See aufgewachsen bin. Denn von Starnitz, beziehungsweise Rathsdamnitz, beträgt die Luftlinie zur Ostsee gerade mal 30 Kilometer. Die frische saubere Luft in meiner Kindheit kam überwiegend von der Ostsee. Wahrscheinlich fühle ich mich deshalb in der Nähe großer Gewässer besonders wohl.

Auch einige meiner Vorfahren stammen aus Stolpmünde und sind von hier aus zur See gefahren. Das wusste ich noch nicht, als ich später selbst für kurze Zeit zur See fuhr, allerdings von Bremerhaven aus.

In der Nähe des Leuchtturms entdeckten wir auf der Promenade ein neues Restaurant, dass dort bei früheren Besuchen noch nicht eröffnet gewesen war, ein Selbstbe-

Bild 53 - Der Leuchtturm am Hafen von Stolpmünde (Ustka)

dienungsrestaurant. Das Große Schild „Bosman" am Eingang hielt ich für den Namen der Gaststätte, musste dann aber feststellen, dass es der Name der Brauerei war. Es gab eine große Fleischtheke und eine kleine Fischtheke. Die meisten stellten sich an der Fischtheke an. Ich war etwas skeptisch, ob man hier wohl den Fisch gut zubereiten würde, weil wir uns in einem Schnellrestaurant befanden. Doch der Koch überraschte mich. Mir wurde der beste Halibut (Heilbutt) serviert, den ich auf der ganzen Reise bekam, und wir aßen oft Fisch zu Mittag.

Mützenow (Możdżanowo)

Bei immer noch verhangenen Himmel fuhren wir über Mütznow (Możdżanowo) nach Stolp. Ich wählte diesen kleinen Umweg, weil ich noch einmal den Ort sehen wollte, aus dem die Stolpmünder Vorfahren gekommen waren, nämlich Voss aus Mützenow. Die Ah-

Bild 54 - Die Kirche in Mützenow

nenlinie Voss lässt sich dort bis ins fünfzehnte Jahrhundert zurück verfolgen. Es waren Bauern und Seefahrer darunter. Im Stolpmünder Kirchenbuch fand ich folgende Eintragung über den Bruder meiner Ur-Ur-Ur-Großmutter Eleonore Voss, geborene Münster:

»Dom. po. nat. wurde für den Seefahrend Gesellen Joh. Christian Münster gedacht und wurden dessen Personalien abgelesen und die Leichen-Collecte gesungen.
  Er ist 1777 d 15 tn Febr. geboren. 1788 confirmirt. Ging früh zur See, nach England ..., und blieb 1795 daselbst

heimlich, fuhr da auf der See und im vorigen Jahr mit vorgenanten nach Guinea, und ist auf der Rückreise gestorben ob noch in Guinea, oder auf der Reise nach Westindien, oder von Westindien nach England ist nicht recht bekannt worden. Ob diese beide sind begraben worden, oder wie die andern Sclaven, wenn sie starben über Bord geworfen, darüber sind keine sichere Nachrichten. Schwartz auch ein Pommerl. Matrose, der auf dem ... Schiff die Reise mit ihnen gemacht, und glücklich zurück gekommen, hat in Liverpool, des Domreesen seinem Vater nicht viel erzählen wollen, aber dass sie beide am hitzigem Fieber verstorben.

Es trift zu: Wer (sich?) werden ... Doch wird auch des Na... Apa: 20 4. iJ.«

("Kirchen Buch vor die Kirche zu StolpMuende, angefangen im Jahr 1754 ..." - Sterberegister, Seite 128 und 129, Nr. 13, - SLC Mikrofilm # 0896084, Volum # 6)

Einige Stellen in jenem Dokument ließen sich nicht entziffern. Aber die Geschichte hinter der Eintragung ist interessant. Mein Ur-Ur-Ur-Großonkel Johann Christian Münster fuhr von Stolpmünde als Matrose nach England. Dort heuerte er auf einem Schiff an, das nach Guinea in Afrika segelte. Das Schiff hatte offensichtlich Sklaven an Bord, die nach Westindien gebracht wurden. Die Reise ging also nach Amerika. Auch heute noch werden jene Inseln, wo Kolumbus in der Karibik an Land ging, die Westindischen Inseln genannt. 1795 blühte der Sklavenhandel und Johann Christian Münster diente offensichtlich auf einem Sklavenschiff.

Mit „vorgenanten" und „beide" ist in der Aufzeichnung Martin Gottfried Domreese gemeint. Über ihn wurde die Eintragung auf der vorangegangenen Kirchenbuchseite gemacht. Er ist auf dem selben Schiff und auf der selben Reise am Fieber verstorben.

Die Kirche in Mützenow (Bild 54) ist gut erhalten. Auf einem Schild am Haupteingang ist ihre Geschichte (Bild 55) auch in deutscher Sprache zu lesen:

»Hl. Apostel Bartholomäus Filialkirche
Römisch-katholischer Pfarrbezirk: Duninowo
Die erste Dorfkirche wurde 1356 errichtet. Im Jahre 1374 wurde die Kirche vom Bischof aus Kamien Pomorski eingeweiht. Das war ein einfaches, auf Feldsteinfundamenten aus Ziegeln gemauertes Bauwerk. Aus dem früheren Bauwerk sind der untere Turmteil und die Mauerreste an der Nord- und Südwand erhalten geblieben. Die Größe

Bild 55 - Kirchengeschichte in Mützenow

der rechteckigen Kirche (7x13) bestimmen riesige Feldsteine, die im Fundament des Mittelschiffes noch vorhanden sind und alte Dachspuren an der Ostwand des Turmes. Aus dieser Zeit stammt ein in der Vorhalle stehendes Weihbecken aus Granit. Die oberen Wandreste des Turms stammen aus früheren Zeiten.
1625 wurde das Mittelschiff umgebaut und zur heutigen Größe ausgebaut. Damals wurde auch die Dachform verändert. Aus dem Anfang des 17. Jahrhunderts stammen

mit Wappen der Stifter bemalte Scheiben, darunter ein Wappen vom pommerschen Herzog Johann Friedrich. Im Jahre 1665 hat Johann Edlewer den Hauptaltar erbaut, in dem die Figuren von den 4 Evangelisten, von 4 weiteren Heiligen, vom Erzengel Michael und ein Relief „Das letzte Abendmahl" angebracht wurden. Ende des 19. Jahrhunderts entstanden ein Orgelprospekt, Empore und Bänke. Die beiden Glocken wurden 1924 gegossen.

Während der Restaurierungsarbeiten 1991 wurde in die westliche Giebelwand ein alter Balken aus der Kirche mit der Inschrift: „TU PATER ET CUSTOS NOSTER ES ALME DEUS" eingebaut. Man hat damals das Nebengebäude abgetragen und es auf dem früheren Abriß an der Südwand wiederaufgebaut. Ursprünglich war das eine Vorhalle und jetzt befindet sich hier eine Sakristei.

Um die Kirche herum gab es jahrzehntelang einen Friedhof. An der südöstlichen Wand steht ein Denkmal zum Gedächtnis an die im Krieg gefallenen Einwohner der Gemeinde.«

Stolp (Słupsk)

Endliche hatte es aufgehört zu regnen. Gelegentlich blinzelte die Sonne sogar durch die Wolken als wir Stolp (Słupsk) erreichten.

Bild 56 - Das Rathaus in Stolp (Słupsk)

Wir parkten unsere Autos direkt vor dem Rathaus (Bild 56) und machten uns zu Fuß auf den Weg in die Küsterstraße 4. Dort war Uschi vor dem Krieg aufgewachsen. Sie zeigte uns das Kellerfenster (Bild 57) in dem sie als kleines Mädchen Eisenbahn gespielt hatte. Als wir uns vor dem Haus aufhielten, brüllte jemand aus einem der offenen Fenster, ohne das wir den Kopf sahen: „Komm nach Hause!" Zweimal ertönte es, jedoch nicht besonders freundlich. Vielleicht hatte der Rufer „Geh nach Hause!" gemeint, aber ein falsches Wort gewählt. Misstrauisch wurden wir beäugt.

Bild 57 - Küsterstraße 4 in Stolp. Hier wuchs Uschi auf.

Anschließend schlenderten wir zum Bahnhof. Das Gebäude ist neu und modern. Als noch das alte Bahnhofsgebäude stand, machte ich 1955 von hier meine erste Bahnreise über Danzig, Elbing und Allenstein nach Selbongen zu den Masurischen Seen. Später, 1958, traten wir vom Stolper Bahnhof die Reise in die Bundesrepublik Deutschland an. In meinem A-Ausweis, dem Ausweis für Vertriebene und Flüchtlinge, ist eingetragen: „*Ständiger Aufenthalt im Bundesgebiet (Berlin-West) seit 19.3.1958*".

Nach Stolp fuhren wir früher hauptsächlich zum Einkaufen von Kleidung, Hausrat und Fahrrädern. Mein erstes Fahrrad erhielt ich an einem Heiligen Abend, es wurde in Stolp gekauft. Das Kaufhaus Zeeck war die beliebteste Anlaufstelle. Heute steht das Gebäude fast leer. Unten werden einige Möbel angeboten, oben nichts. Aber es gibt andere Einkaufszentren in Stolp.

Einmal wurde ich als kleiner Junge auch zum Zirkus nach Stolp mitgenommen. Es war ein deutscher Zirkus, ich glaube „Zirkus Krone". Verwundert hörte ich, wie betresste Zirkusleute deutsch sprachen. Meine Verwandten unterhielten sich mit den Leuten sogar in deutsch. An das Zirkusprogramm kann ich mich nicht mehr erinnern, obwohl es mein erster Zirkusbesuch war. Aber an einen der Zirkusleute am Eingang erinnere ich mich noch genau. Er hatte rotes Haar. Das war einzigartig. Nie zuvor hatte ich jemanden mit rotem Haar gesehen. Weder in Starnitz noch in Rathsdamnitz kannte ich Leute mit rotem Haar.

Nach Stolp führt meine direkte Vorfahren-Linie Staubach. Um 1800 ist dort wahrscheinlich der erste Staubach ansässig geworden. Carl Langusch beschäftigte sich im Dritten Reich mit Familienforschung. Er berichtete mir, dass er bei seiner Ehefrau Herta, geb. Staubach, auf den Hinweis gestoßen sei, das die Staubachs in Stolp aus Pautsch bei Troppau (damals Österreich) stammen sollen. Alle Nachforschungen in diese Richtung waren bisher ergebnislos.

Ich fand auch eine andere Möglichkeit, wie die Staubachs nach Stolp gekommen sein könnten. Im hessischen Städtchen Herbstein am Vogelsberg gibt es auch heute noch häufig den Familiennamen Staubach. Es ist historisch belegt, dass öfter Männer aus Herbstein rekrutiert oder verschleppt wurden, die dann als Söldner dienten. Auch Napoleon holte sich zur Verstärkung seiner Truppen Männer aus Hessen. William Staubach aus Florida, USA, berichtete mir, dass sein Ur-Ur-Ur-Großvater Anselm Staubach in eine französische Uniform gesteckt wurde, während er bei Herbstein auf dem Feld arbeitete. Mit Napoleons Truppen sei er dann bis nach Moskau gezogen und auch wieder nach Herbstein zurückgekehrt.

Vielleicht gab es noch weitere Staubachs in der Truppe. Es ist nicht auszuschließen, dass einer oder mehrere davon beim Hin- oder Rückzug in Pommern „hängen blieb". Somit könnte es sein, dass der erste Staubach in Stolp aus Herbstein in Hessen kam.

Halbinsel Hela
(Mierzeja Helska)

Am Freitag, dem 21. Juni 2002 fuhren wir auf die Halbinsel Hela (Mierzeja Helska). Erich war 1945 zur vorbereitung für einen militärischen Einsatz fünf Tage in Hela (Hel) stationiert. Er zeigte uns, wo die Kasernen und Festunganlagen waren. Auch heute ist dort militärisches Sperrgebiet. Nach den fünf Tagen wurde Erich nach Gotenhafen (Gdynia) verlegt und lernte auch Danzig (Gdansk) kennen.

Bild 58 - Der Ostseestrand auf der Halbinsel Hela

Es war ein sonniger Tag mit strahlend blauem Himmel. Nach einem ausgiebigen Mittagessen setzten wir uns bei Ceynowa (Chalupy) an den Strand der Putziger Nehrung, an die Nordseite der Halbinsel. Ich hatte dort viele Strandbesucher erwartet. Denn es war Freitagnachmittag und schönes Wetter. Doch der herrliche Strand (Bild 58) war menschenleer.

Rückfahrt

Es war schön, die alte Heimat besucht zu haben. Obwohl alle der Reisegruppe (außer Egon) in Ostpreußen und Pommern geboren und aufgewachsen sind, äußerte niemand den Wunsch, dort wieder hinziehen zu wollen. Alle haben eine neues Zuhause gefunden, die Einen zunächst in der DDR, und nun alle in der Bundesrepublik Deutschland.

Die Rückfahrt verlief glatt und ohne Zwischenfälle. Wir fühlten uns auf der Reise sicher und hatten keine Unfälle.

Die Herrschenden und die politischen Situationen mögen immer wieder wechseln. Das Land mag radikale Veränderungen durchmachen. Doch die Heimat lässt sich nicht fortrücken.

Weitere Bücher von Reinhard Staubach

Ein Kiesel zum Verlieben
Gedichte

Ein bunter Lyrik-Strauß für Jung und Alt. Unter den 30 Gedichten befindet sich auch jenes, welches 2002 mit dem „Bad Wildbader Kinder- und Jugendliteraturpreis", Preis der Stadt Bad Wildbad, ausgezeichnet wurde: „Die bösen Buben"

Wiedersehen in Lissabon
Erzählungen

Erzählungen, die die Wechselfälle des Lebens aufs Korn nehmen. Wenn der Zeitgenosse gegen sein Schicksal anrennt, so entsteht nicht Tragik, sondern Komik. Liebevoll werden die tauglichen und untauglichen Versuche vorgeführt, ein wenig Glück an Land zu ziehen. Der Leser verfolgt mit Spannung, wie der Autor seine Szenen auf die Spitze treibt oder die Personen wie bunte Schmetterlinge im Netz seiner Pointe gefangen setzt.

Reinhard Staubach (Herausgeber)
Dem Licht entgegen
Spirituelle Erlebnisse

20 Autoren berichten über erstaunliche Antworten auf Gebete, unglaubliche Krankenheilungen, geistige Führung und das Ringen um Erkenntnis. - Wunder und spirituelle Erlebnisse sind Bestandteil des Urchristentums. In der Dokumentation wird geschildert, wie sie auch heute immer noch geschehen und wie Gott sich offenbart.

Das Fledermaus-Sportfest
Erzählungen aus dem Reich der Fabeln

Wer wird beim Fledermaus-Sportfest siegen? Wird die schöne Elisabeth auf Schmeicheleien hereinfallen? Warum will ein Murmeltier im Winter nicht schlafen? Weshalb erhält Paule täglich drei Eicheln? - Vor diesen und anderen Herausforderungen stehen Fledermäuse, Murmeltiere, Frösche und weitere Tiere in Wald und Flur.

Mit 25 farbigen Zeichnungen

Aktuelle Information über den Autor unter:

www.reinhard-staubach.de